WILSON LUIZ SANVITO

A AVENTURA HUMANA
EM MINIENSAIOS

Quase Científicos
Quase Filosóficos
Quase Literários
Quase Políticos

São Paulo
Editora dos Editores Eireli
2019

©2019 TODOS OS DIREITOS RESERVADOS À EDITORA DOS EDITORES LTDA.

Produção editorial e capa: *Valor Editorial - Serviços Editoriais*

```
Dados  Internacionais  de  Catalogação  na  Publicação  (CIP)
                    Angélica Ilacqua CRB-8/7057

    Sanvito, Wilson Luiz
        A aventura humana em miniensaios / Wilson Luiz Sanvito.
    -— São Paulo : Editora dos Editores, 2019.
        164 p. : il.

    Bibliografia
    ISBN 978-85-85162-11-5

    1. Literatura brasileira 2. Filosofia 3. Ciência 4.
    Política I. Título

                                                    CDU B869
    19-0345

                    Índices para catálogo sistemático:
            1. Literatura brasileira B869
```

RESERVADOS TODOS OS DIREITOS DE CONTEÚDO DESTA PRODUÇÃO.
NENHUMA PARTE DESTA OBRA PODERÁ SER REPRODUZIDA ATRAVÉS DE QUALQUER MÉTODO, NEM SER DISTRIBUÍDA E/OU ARMA-
ZENADA EM SEU TODO OU EM PARTES POR MEIOS ELETRÔNICOS SEM PERMISSÃO EXPRESSA DA EDITORA DOS EDITORES LTDA, DE
ACORDO COM A LEI N° 9610, DE 19/02/1998.

EDITORA DOS EDITORES
Rua Marquês de Itu, 408 - sala 104 - São Paulo/SP
CEP 01223-000
Rua Visconde de Pirajá, 547 - sala 1.121 - Rio de Janeiro/RJ
CEP 22410-900

+55 11 2538-3117
contato@editoradoseditores.com.br
www.editoradoseditores.com.br

Ao colega e amigo, Carlos Sérgio Chiattone, médico exemplar e lúcido pesquisador na área de Hematologia Clínica.

APRESENTAÇÃO

Escrever um livro é sempre um ato de muita entrega, exige muita reflexão – equivale dizer que é preciso pensar e repensar o que foi pensado. Depois, vem a parte mais penosa: colocar no papel as ideias elaboradas pelo pensamento. Mas a linguagem interior é muito mais rica e elaborada do que a nossa linguagem verbalizada ou escrita. Costumo dizer que a linguagem verbal fica aquém da nossa linguagem mental e que, por sua vez, a nossa linguagem escrita fica aquém da nossa linguagem verbal. De modo que escrever exige 90% de transpiração e 10% de inspiração.

Este livro começou a brotar em minha cabeça sob a forma de nanocrônicas; no entanto, à medida que fui redigindo os nanotextos eu senti uma certa frustração, no sentido de que eles não estavam completos – era preciso fugir do nanotexto e fazer capítulos mais encorpados. E, assim, decidi escrever miniensaios.

Por que o título "A Aventura Humana em Miniensaios..."? Porque o núcleo duro do texto é o ser humano e sua circunstância. A abrangência dos temas – "Quase científicos/Quase filosóficos/Quase literários/Quase políticos – tem como objetivo oferecer ao leitor um cardápio variado da aventura humana.

Em alguns poucos capítulos, eu repercuti matérias de outros escritos meus (com revisões mínimas), em virtude da importância dos temas (ali tratados) no mundo contemporâneo.

O mundo dos autores é o mundo da intersubjetividade, de modo que eles não vivem encapsulados, mas sim em um mundo de significados compartilhados. A filósofa Júlia Kristeva pinça a noção de intertextualidade de uma leitura do crítico russo Mikhail Bakhtin e, no seu livro "O desejo na linguagem", ela expõe essa descoberta fundamental de Bakhtin: "Qualquer texto é construído como um mosaico de citações; qualquer texto é a absorção e transformação de outro." O que significa que autores reproduzem – conscientemente ou não – ideias de outros textos. Os meus textos não fogem a essas regras – eles são a destilação de muitas matérias que li e escrevi – embora traduzam uma contribuição pessoal: é a minha maneira de ver o mundo.

No terço final do livro ("Miniensaios Quase Políticos"), eu me proponho a traçar um programa de governo para o nosso país ("Brasil – Um país à procura de sua identidade"). Embora não seja um político militante, eu tenho uma longa quilometragem como brasileiro votante e mais de 60 anos como observador atento da cena política brasileira, de sorte que eu penso reunir condições para sugerir um esboço de um programa de governo.

Tentei neste livro fazer a montagem de um texto instigante para despertar no leitor a reflexão sobre o homem e o mundo. Às vezes poético, outras vezes filosófico; às vezes racional, outras vezes contraditório; às vezes sarcástico, outras vezes ingênuo; às vezes científico, outra vezes literário... o texto vai traçando um vasto painel da aventura humana. Como um espelho, o texto reflete o mundo lógico/ilógico do dia a dia.

Para finalizar, duas coisas são necessárias para bem escrever: uma facilidade natural e uma dificuldade adquirida. O julgamento cabe ao leitor.

Wilson Luiz Sanvito

SUMÁRIO

CAPÍTULO 1:	Hors-d'oeuvre	1
CAPÍTULO 2:	Imprensa – O quarto poder	5
CAPÍTULO 3:	Quem somos nós?	7
CAPÍTULO 4:	Suicídio – Quando Tânatos vence Eros	9
CAPÍTULO 5:	Ironia	11
CAPÍTULO 6:	O sexo não é mole	15
CAPÍTULO 7:	Miscigenação – Uma boa ideia	17
CAPÍTULO 8:	Marxismo – Carrega no seu DNA o totalitarismo: a ditadura do proletariado	19
CAPÍTULO 9:	Gramsci na academia	21
CAPÍTULO 10:	Eu não sou prisioneiro das minhas ideias	23
CAPÍTULO 11:	Esperança	27
CAPÍTULO 12:	Neotonia – Não nascemos prontos	29
CAPÍTULO 13:	Informação/Conhecimento/Sabedoria	31
CAPÍTULO 14:	Hai-Kai – O que é? É o brilho do sol, numa gota de orvalho!	33
CAPÍTULO 15:	Tolerância – Para intolerantes	37
CAPÍTULO 16:	Felicidade e infelicidade	39
CAPÍTULO 17:	A fascinante história do dinheiro	43
CAPÍTULO 18:	Dinheiro – Frases de impacto	45

CAPÍTULO 19:	Estatística – Generalidades	47
CAPÍTULO 20:	Estatística – Medicina	49
CAPÍTULO 21:	Estatística – Política	53
CAPÍTULO 22:	Os loucos mansos de Machado de Assis	55
CAPÍTULO 23:	A um bruxo, com amor	61
CAPÍTULO 24:	Machado de Assis não é um arquipélago, Machado de Assis é um continente	65
CAPÍTULO 25:	Corpolatria – Obsessão com a aparência física	69
CAPÍTULO 26:	A matemática revisitada	73
CAPÍTULO 27:	Oposição é preciso	77
CAPÍTULO 28:	A ideologia da linguagem	81
CAPÍTULO 29:	Identidade de gênero: Um tema explosivo	87
CAPÍTULO 30:	A luta contra o tempo	91
CAPÍTULO 31:	Construindo uma Babel do conhecimento	95
CAPÍTULO 32:	Além do cérebro	99
CAPÍTULO 33:	Brasil: Um país à procura de sua identidade *Parte I – Políticos e corrupção*	105
CAPÍTULO 34:	Brasil: Um país à procura de sua identidade *Parte II – Cortar privilégios é preciso*	109
CAPÍTULO 35:	Brasil: Um país à procura de sua identidade *Parte III – Combater a burocracia*	113
CAPÍTULO 36:	Brasil: Um país à procura de sua identidade *Parte IV – Reformas: Previdência*	117
CAPÍTULO 37:	Brasil: Um país à procura de sua identidade *Parte V – Reformas: Política*	119
CAPÍTULO 38:	Brasil: Um país à procura de sua identidade *Parte VI – Reformas: Tributária*	123
CAPÍTULO 39:	Brasil: Um país à procura de sua identidade *Parte VII – Reformas: Educação*	125
CAPÍTULO 40:	Brasil: Um país à procura de sua identidade *Parte VIII– Sistema de saúde: A saúde pede socorro*	129
CAPÍTULO 41:	Brasil: Um país à procura de sua identidade *Parte IX– Poder judiciário*	135

CAPÍTULO 42: Brasil: Um país à procura de sua identidade *139*
Parte X – Infraestrutura: O Brasil precisa viajar na infraestrutura

CAPÍTULO 43: Brasil: Um país à procura de sua identidade *141*
Parte XI – Segurança pública: Uma catástrofe

CAPÍTULO 44: Brasil: Um país à procura de sua identidade *143*
Parte XII – Sistema prisional: Um horror

CAPÍTULO 45: Brasil: Um país à procura de sua identidade *147*
Considerações finais

1

HORS-D'OEUVRE

Este *Hors-d'Oeuvre* é uma espécie de aperitivo de temas que serão abordados ao longo do texto. Uma frase de efeito, mesmo fora de contexto, tem vida própria; ela respira.

- Receita para escrever: "Escrever é fácil – você começa com letra maiúscula e termina com um ponto final. No meio você coloca as ideias" (Pablo Neruda);
- A ciência equaciona o mundo e propõe soluções. A filosofia procura interpretar o mundo e propõe questões;
- Descerebrada: A ciência não tem sujeito – é uma espécie de corpo sem cabeça. Daí a importância da "camisa de força" da bioética para lhe impor limites – nem tudo o que pode ser feito, deve ser feito. Potter, em 1967, postulou o conceito de "conhecimento perigoso": aquele que se acumulou muito mais rapidamente do que a sabedoria necessária para gerenciá-lo. Desse modo, o diálogo entre a Ciência (conhecimento) com a Filosofia (sabedoria) é uma das bases para a reflexão bioética;
- Palavras... palavras...palavras: para Charles Nodier, quando a política se torna uma ciência de palavras tudo está perdido;
- Aleluia! Políticos mortos não roubam. (Inscrição em uma das pilastras do Minhocão, em São Paulo/SP);
- Lema educacional: "O único bem é o conhecimento, o único mal é a ignorância" (Sócrates);

- A única escola que funciona bem no Brasil é a escola de samba;
- Humildade *versus* autossuficiência: Os espíritos esclarecidos sabem dizer não sei, os simplórios têm explicação para tudo;
- Lema escolar: Conhecer, com certeza, rima com prazer;
- Ausone de Chancel: "*On entre, on crie/ Et c'est la vie/ On crie, on sort/ Et c'est la mort*";
- Manifestações álgicas: Nas democracias pensar não dói; nas ditaduras, nem sempre;
- Políticos: segundo Jan Greshoff, há dois tipos de político – os que usam a palavra para dissimular o pensamento e os que a utilizam para ocultar a falta de pensamento;
- O perigo das certezas: Uma convicção representa, quase sempre, uma prisão;
- *Brevis esse laboro, obscurus fio*: O bom, se breve, duas vezes bom. Entretanto concisão, às vezes, significa confusão;
- *Paradoxo*: O homem inventou os mais espantosos meios de comunicação e, frequentemente, vive encapsulado;
- Confissão: *Je suis communiste parce qui cela me dispense de réflechir* (Frédéric Joliot-Curie);
- Ideia fixa: Ter ideias não é difícil. O difícil, às vezes, é se livrar delas;
- Luta inglória: É aquela travada contra a falta de ideias. Para Schiller, contra a estupidez até os deuses lutam em vão;
- O nosso Mário Quintana certa vez escreveu: "Os verdadeiros analfabetos são aqueles que sabem ler e não leem";
- Segundo Ramón y Cajal: "Não existem questões esgotadas, mas sim homens esgotados nas questões";
- As artes do cérebro: O cérebro humano consegue compatibilizar duas funções, até certo ponto, inconciliáveis – especialização e generalização;
- A estupidez humana não tem limites: "É preferível errar com Sartre do que acertar com Aron". Máxima da esquerda francesa;

- Insanocracia: O mundo está se tornando um hospício dirigido pelos loucos;
- Dinheiro público é como água benta, cada um sempre pega um pouco para si (Provérbio italiano);
- Pau Brasil: No vestibular das nações, o Brasil está levando pau há mais de 500 anos;
- Escola sem partido – O professor deve ensinar o aluno a pensar, não como deve pensar.

2

IMPRENSA

O QUARTO PODER

Vou abordar nesse texto o tema liberdade de imprensa. O vocábulo imprensa remete, no mundo contemporâneo, a um universo mais abrangente. Nós vivemos na era da multimídia e os meios de comunicação são os mais diversos: mídia impressa, rádio, televisão, telefonia fixa, telefonia móvel (com os modernos *smartphones*), internet, satélites artificiais etc. Com esse tremendo ruído na área da comunicação o usuário fica, frequentemente, desorientado ou até mesmo confuso. É um grande desafio enfrentado pelas sociedades da era digital. A solução não é "o controle social da mídia", expressão eufemística de censura. Por outro lado, os meios de comunicação nem sempre agem balizado pela ética: é o poder tirânico da imprensa. Ela [a imprensa] condena, absolve, promove linchamento moral e até assassinato civil de suas vítimas. Notícia – diz um provérbio das redações – é gente ordinária fazendo algo extraordinário ou gente extraordinária fazendo algo ordinário. E na era digital, com as *fake news* ela promove o ódio, a intriga, a injúria pelas redes sociais. Os magnatas da grande imprensa argumentam que existe uma Lei de Imprensa e o direito à imagem, para o devido reparo legal. *Huuummm...* Com a agilidade de nossa Justiça, a reputação e a imagem do cidadão vão para o brejo e, quase nunca, se resgata a verdade dos fatos.

Há um filme de René Clair, "O tempo é uma ilusão" (no original, *It happened tomorrow*), em que um sujeito, depois de ser gentil com um fantasma que encontrou em seu caminho, passou a receber dele todas as noites, o jornal do dia seguinte. Com as informações prévias, o sujeito podia jogar na bolsa e ganhar, apostar no cavalo vencedor... Uma noite, porém, lê no jornal o anúncio de sua própria morte. Fica desesperado, tenta não passar pelo lugar onde sabe que vai sofrer o acidente, mas não consegue. O acidente é horrível, contudo o sujeito não morre, porque interessava ao cineasta mostrar aos leitores que os jornais também mentem.

Diz-se que para o jornal a boa notícia é a má notícia. Mas não foi o mundo que piorou; as coberturas jornalísticas é que melhoraram muito.

Nos Estados Unidos, há uma espécie de midiacracia: o presidente reina por quatro anos e a imprensa governa eternamente. Regra perversa da imprensa – certamente era o que tinha em mente Mark Twain quando disse: "Primeiro, apure os fatos. Depois, pode distorcê-los à vontade". Hoje, vivemos em uma sociedade iconizada, em que o ser humano está impregnado por imagens e sinais. Vivemos sob o império da telecomunicação, que se torna cada vez mais universal e totalitário. A revolução teletecnotrônica vai estabelecendo uma relação abissal entre o ser leitor (*gutenberguiano*) e o ser iconizado (teleimpregnado). É a cultura das telas.

Mas a imprensa é o grande satã? É preciso controlar a imprensa? Nada disso, a imprensa livre é um grande pilar da democracia. E a democracia não se dá bem (é incompatível) com a censura. Políticos [voltando a Mark Twain] que se queixam da imprensa são como comandantes de navio que se queixam do mar.

Quero concluir reproduzindo a declaração de Thomas Jefferson, o terceiro presidente dos Estados Unidos: "A Constituição garante que a imprensa seja livre – não que ela seja boa."

3

QUEM SOMOS NÓS?

Dentro de nós há uma coisa que não tem nome, essa coisa somos nós. Essa frase de impacto, dita num momento de inspiração pelo escritor português José Saramago, serve aos propósitos deste texto. A indagação é filosófica e, para muitos beira ao transcendental! Quando nasceu a filosofia? Certamente, em tempos imemoriais. Provavelmente, quando o homem primitivo, caminhando pelas savanas, olhou para um céu estrelado e indagou, em nome da espécie, quem somos nós, de onde viemos, para onde vamos, qual o significado da vida? E, assim, nasceu o primeiro ser filosofante do mundo!

Passados muitos milênios, a indagação continua. Ainda não conseguimos decodificar o mistério da vida e a nossa identidade. Muitas teorias filosóficas e/ou doutrinas religiosas tentam em vão decifrar o código da vida.

Eu ainda me alinho com a teoria da evolução do genial Charles Darwin: nós somos um produto da evolução. Ponto. Nós somos, na realidade crua dos fatos, parentes longínquos dos moluscos.

No entanto, o ser humano é essencialmente um ser pensante e preocupado com a sua origem e o seu destino. Mas pensar o mistério da vida, é literalmente pôr o pé no pântano, porque o aumento do conhecimento aumenta as dúvidas. Entretanto, esse não é um convite ao não pensar, o estar no mundo nos obriga a exercer um pensamento crítico permanente. E a dúvida metódica, no sentido cartesiano, é o princípio da sabedoria. A propósito, o astrônomo norte-americano

Carl Sagan disse com muita propriedade: "O primeiro pecado da humanidade foi a fé; a primeira virtude foi a dúvida".

Concluo com uma frase de Ortega y Gasset, que dá o que pensar: "Eu sou eu e minha circunstância."

4

SUICÍDIO

QUANDO TÂNATOS VENCE EROS

Suicídio, tema dramático. Está contemplado na mitologia grega: é quando os poderes de Tânatos (deus da morte) vencem os impulsos de Eros (deus da vida) – num momento muito simbólico – não é a morte natural (provocada por uma doença, um acidente ou ceifada por outrem). Eu costumo dizer que é a autocrítica levada ao extremo – é a falência do instinto de conservação. O término natural da vida está inscrito em nosso DNA, mas alguns antecipam esse fenômeno.

A motivação do suicídio não é única. As causas são multifatoriais. Os suicídios ocorrem com mais frequência nos períodos de recessão econômica com desemprego e insegurança social, em situações de guerra – enfim nos períodos em que há ameaça real à sociedade (fatores psicossociais). Também fatores psicoafetivos, como estados depressivos, podem determinar a autoeliminação. Aqueles que professam uma crença religiosa fundamentalista, podem aderir ao terrorismo e, em nome de sua fé, autoimolar-se (homem e/ou mulher bomba). Outra motivação concreta é a pessoa padecente de uma doença incurável e evolutiva (neoplasia, doença neurodegenerativa). Não é bem o paciente terminal, mas que aquele que opta pelo "suicídio assistido" antes que a enfermidade atinja estágios críticos. Nos países em que este tipo de procedimento é legal (não é o caso do Brasil), a morte consentida pelo *establishment*, é programada pelo computador e conduzida pelo interessado em morrer. Um mecanismo, controlado pelo computador, é conectado a uma veia do paciente e esse, então, no comando da situação, terá de responder à pergunta fatal: "Se você apertar a tecla sim, uma solução será injetada em seu organismo e o matará em menos de 30 segundos: Quer prosseguir?". Esse tipo de morte assistida (ou "quase eutanásia") já é praticado em alguns estados americanos e em alguns países da União Europeia como: Bélgica, Holanda e Suíça.

Na era digital, em que as redes sociais nos meios eletrônicos podem, por meio da manipulação, induzir a comportamentos bizarros, tem sido denunciado nos últimos anos uma onda de suicídios, principalmente, nos adolescentes e jovens adultos. Essas pessoas, ainda com certo grau de imaturidade cerebral, são as maiores vítimas desses mecanismos indutores.

De modo que o suicídio é um fenômeno multideterminado e não pode e nem deve ficar nas malhas apertadas do conceito médico, nem tampouco jurídico. Existem também implicações sociais, culturais, éticas, psicológicas, antropológicas e filosóficas que balizam esse tipo de comportamento. E deve ser levado em conta o direito de viver e o direito de morrer – é o chamado princípio da autonomia.

Tenho profundo respeito pelos suicidas. Albert Camus (filósofo e escritor) dizia: "Há apenas uma questão séria em filosofia: o suicídio. Julgar se vale a pena ou não viver é a resposta fundamental da filosofia."

5

IRONIA

O pudor da razão diante da vida.
(Machado de Assis)

Dizem que o dicionário é o pai dos burros, mas só os inteligentes o consultam. Recorro ao dicionário, sempre à mão, para decodificar o vocábulo ironia. Está lá substantivo feminino: "qualquer palavra, mímica, gesto, atitude... que exprime exatamente o contrário do que parece exprimir. Exemplo: Ele correu tão rápido quanto uma tartaruga". Na ironia antífrase, acontece o engrandecimento de ideias erradas ou funestas, ou então, se faz uso carinhoso de termos ofensivos. O vocábulo deriva do grego *eironéia* e significa "dissimulação". Mas a abrangência do termo não pode ficar prisioneira nas malhas apertadas do dicionário.

A técnica de Sócrates, demonstrada nos diálogos platônicos, consistia em simular ignorância, fazendo perguntas e fingindo aceitar as respostas do interlocutor (ou oponente), até que esse chegasse a uma contradição e percebesse assim os erros do próprio raciocínio. De todo modo, a semântica do termo é elástica e vamos ver isso nos contos e romances de Machado de Assis, um fino ironista.

Mas antes de ingressar no universo *machadiano*, vou analisar o que diz André Comte-Sponville em seu "Pequeno tratado das grandes virtudes". Quando esse autor aborda o "humor", ele afirma que a ironia é o humor de mau-humor. Comte-Sponville diz que a ironia não é uma virtude, é uma arma – voltada quase sempre contra outrem. E continua: é o riso mau, sarcástico, destruidor, o riso da zombaria, o riso que fere, que pode matar... é o riso do ódio, o riso do combate. Essa é uma meia-verdade, porque o sarcasmo é de teor mais zombeteiro, enquanto a ironia é a exposição de uma ideia propositalmente contrária do que realmente se acredita. O sarcasmo e a zombaria são manifestações ofensivas e maldosas, enquanto a ironia sutil pode ser construtiva. E o próprio Sponville reconhece isso quando afirma: "[...] nossos humoristas não passam de ironistas, de satiristas – e, por certo, são necessários". E acaba concluindo que o melhor é misturar os dois gêneros: a ironia e o humor tradicional ou não contundente (esse seria uma espécie de humor *light*). Penso que a ironia, dependendo do contexto, é válida e não se pode satanizá-la com as tintas de destruidora, maldosa, nefasta e outras tantas. Ela pode ser até pedagógica como nos diálogos de Platão – que reproduzem o método socrático de raciocinar. Mas a ironia, dentro de certos contextos, pode vestir as carapuças mencionadas. É o caso, por exemplo, do racista que conta (de modo perverso) uma piada antissemita, de sorte que a ironia é também uma arma. Eu mesmo tive esse *feeling* quando cometi o seguinte *hai-kai*: "Como forma de humor/a ironia/fere mais do que a dor".

Voltemos a Machado, um dos maiores ironistas da literatura universal. Em muitos de seus romances e contos a ironia perpassa suas páginas sem que o leitor consiga, muitas vezes, captá-la. É porque Machado é um mestre do dito e do não dito. Já no prólogo do romance "Memórias Póstumas de Brás Cubas", o narrador-defunto revela que escreveu o livro com a pena da galhofa e a tinta da melancolia. A ironia permeia as páginas do livro, e a certa altura Brás Cubas fala sobre seus amores juvenis por Marcela, uma prostituta de luxo que quase arruinou sua família, e em determinado capítulo exclama: "Marcela amou-me durante quinze meses e onze contos de réis". É preciso dizer mais? Talvez caiba ainda referir que, ao longo da atormentada busca de si mesmo, Brás Cubas chega à conclusão de que a vida, à medida que passa, vai se corrigindo a si mesma. É o que expõe na teoria das erratas: "Deixa lá dizer Pascal que o homem é um caniço pensante. Não, é uma errata pensante, isso sim. Cada estação na vida é uma edição que corrige a anterior, e que será corrigida também, até a edição definitiva, que o editor dá de graça aos vermes". A ironia do bruxo pode ser mordente, mas ela tem os seus disfarces. Em sua obra-prima, "Dom Casmurro", ele faz um jogo lúdico com o leitor. Capitu prevaricou ou não? O leitor fica eletrizado, toma partido, mas a dúvida é eterna. Eu costumo dizer que, ao concluir o romance, Machado se voltou para Carolina e exclamou: "Nem eu sei o que se passava na cabeça da Capitu" (Ou seria na do Bentinho?).

A ironia de Machado é como a de Geoffrey Chaucer, de Gustave Flaubert ou ainda mais elaborada. Segundo o crítico literário americano Harold Bloom, é algo maior, e não se trata apenas de um jogo de palavras, de uma troca inteligente de colocações em um diálogo, por exemplo. A ironia *machadiana* está na atmosfera na qual seus personagens e o próprio autor se movem.

6

O SEXO NÃO É MOLE

É muito complicado para o ser humano lidar com a sua sexualidade. É um vulcão que entra em erupção na adolescência (por ocasião das explosões hormonais) e se mantém ativo durante a maior parte da vida. A sexualidade tem fortes raízes biológicas e o ser humano tem que se violentar para cultivar a castidade. Vem-me à mente o exercício do celibato na Igreja Católica e a frequente ruptura do voto de castidade – é bem o caso dos prelados pedófilos e dos muitos padres que abandonam a batina para casar. É da própria essência do catolicismo satanizar o sexo. Vejam o que diz Santo Agostinho (o mais importante pensador católico da Idade Média): "O homem foi concebido em pecado, nasce sob dores atrozes entre fezes e urina". É preciso dizer mais!? O pecado original (sexo), de acordo com o Gênesis está na raiz da vida. Já dizia Anatole France: "De todas as aberrações sexuais, a castidade é a pior."

Administrar a vida sexual não é fácil para ninguém e, frequentemente, vazam para os meios de comunicação as lambanças cometidas por celebridades, por cabeças coroadas, pelos políticos em evidência, pelos estupradores que militam (ou militaram até há pouco) na área do cinema, teatro, treinadores de jovens esportistas – são abusos cometidos, principalmente, por predadores sexuais. Essas denúncias desencadearam o movimento feminista *#MeToo*, que as mídias têm repercutido com grande estardalhaço.

Fazendo um *flash back*, são emblemáticos os casos dos ex-presidentes John Kennedy e Bill Clinton, dos Estados Unidos, e no Brasil do ex-presidente Fernando Henrique Cardoso. Eles não foram estupradores, mas sim prevaricadores. Também tivemos no olho do furacão o caso do ex-presidente do FMI e, bem casado, o francês Dominique Straus Khan, cujo priapismo põe a perigo todas as fêmeas do entorno. É um verdadeiro predador sexual. Curiosamente, quando ainda presidia o FMI, numa reunião nos Estados Unidos, ele não se conteve e atacou a camareira do hotel. Resultado da lambança: ele perdeu o cargo da entidade e seu nome cotado para disputar a presidência da França despencou nas pesquisas e ele teve de renunciar à candidatura. É, por isso, que eu afirmo e reafirmo: "Quando o pênis se levanta a razão se ajoelha."

Ah! O sexo é duro, principalmente, quando o miolo é mole.

7

MISCIGENAÇÃO

UMA BOA IDEIA

Recorro ao dicionário: Miscigenação – cruzamento inter-racial, mestiçamento, mestiçagem, caldeamento. No mundo contemporâneo a expressão "cruzamento inter-racial" merece um pequeno reparo. Hoje, o conceito de raça é altamente questionável, sendo preferível falar em etnias. Aquela classificação das raças que constavam nos livros-texto de biologia não é mais aceita sem reparos, a saber raça branca, raça negra, raça amarela e raça vermelha. Hoje, do ponto de vista do fenótipo (aparência física da pessoa) podemos classificar as pessoas como sendo de cor branca, cor preta, cor amarela e cor parda (em latim: *leucoderma, melanoderma, xantoderma* e *faioderma*, respectivamente). Do ponto de vista do genótipo as coisas são mais complexas, tomemos como exemplo a "raça amarela": certamente chineses, coreanos, japoneses, pertencem a etnias diferentes. Aqui no Ocidente, por exemplo, um indivíduo que se autodeclara branco pode ter em sua ascendência indivíduos negros. De modo que os avanços da genética mostram múltiplas possibilidades para expressar o fenótipo de cada pessoa.

Por que esse preâmbulo? Porque o "politicamente correto" também invadiu este terreno – certamente, para causar estragos. Existem nos Estados Unidos movimentos radicais de entidades de negros contra o branqueamento da população negra. E esse comportamento radical respingou no Brasil, quando um ativista americano negro declarou: "Estão querendo embranquecer a população negra no Brasil." O grito radical rapidamente ecoou em nosso país e um casal de atores negros afirmou: "Estão promovendo um genocídio da população negra no Brasil". Besteirol ou tiro no pé? Ambos! É preciso entender que a miscigenação é altamente saudável do ponto de vista biológico. Um exemplo bem eloquente disso é o do povo judeu. Ao longo dos séculos a comunidade judaica se fechou e eram, quase a regra, os casamentos endogâmicos. Algumas doenças graves, de natureza genética são próprias dos judeus ou, no mínimo, são altamente prevalentes entre os judeus. Outro exemplo, no Lago Maracaíbo, na Venezuela, a população fica isolada num vale e a prevalência da Coreia de Huntington (uma doença hereditária neurodegenerativa) é altíssima, porque as pessoas praticamente não cruzam com pessoas de outras etnias. Mas o casal de atores pode argumentar: "E a discriminação racial, e a miséria da população negra?". Essa é uma dívida histórica que sociedade brasileira precisa resgatar por meio de leis (como a das cotas raciais, por exemplo). A miséria não é um problema só do negro – é preciso diminuir os bolsões de pobreza do preto-branco-pardo-amarelo e integrar, de modo progressivo, essas camadas da população no mercado de trabalho. É preciso, sobretudo, em nosso país, um choque de educação para uma convivência cordial entre todas as etnias. Muitos outros exemplos de casamentos endogâmicos (com resultados biológicos catastróficos) poderiam ser mencionados (casamentos entre a casa dos nobres no passado – casamentos consanguíneos).

Agora, os negros americanos não tem *know-how* para dar pitacos sobre o problema do negro no Brasil. A abolição da escravidão nos Estados Unidos foi traumática e se deu após uma guerra civil de cinco anos e, ainda mais, ao final da guerra o grande paladino da abolição foi assassinado – eu me refiro ao presidente Abraham Lincoln. E, até hoje, os negros odeiam os brancos e vice-versa. Não que no Brasil o processo da abolição tenha sido indolor, mas ele foi gradual por meio de leis que primeiro libertaram os escravos idosos, depois a lei do ventre-livre (crianças nascidas de escravas eram livres) e, finalmente, a abolição definitiva.

É preciso exorcizar "o politicamente correto" do comportamento do brasileiro – porque ele não admite o contraditório e é uma espécie de expressão já dicionarizada na novilíngua da esquerda.

Xô, *besteirol*!

8

MARXISMO

CARREGA NO SEU DNA O TOTALITARISMO: A DITADURA DO PROLETARIADO

O marxismo é uma narrativa mitopoética do mundo com seus magnos problemas. Marx era exclusivista e rejeitava as várias correntes socialistas de sua época como utópicas, e ele contrastava o socialismo utópico com o seu socialismo científico. O termo socialismo científico é reducionista, pois pretende planejar as estruturas sociais por meio de fórmulas elaboradas em "laboratório" por iluminados do partido comunista – a microfísica social (microssociologia) é muito mais complexa do que imaginam os comissários do PC. E Marx prometia, com a adoção do socialismo científico o "comunismo integral" como resultado previsível. A parte nuclear da doutrina marxista postula que a sociedade é determinada por suas condições socioeconômicas, o que vale dizer pelo modo como ela organiza a produção. O capitalismo representa a exploração do homem pelo homem e o materialismo histórico interpreta a história como uma luta de classes. O conflito de classes e as próprias contradições do sistema capitalista (explicados pelo materialismo dialético) determinarão a sua derrubada e a substituição por uma sociedade socialista, mais igualitária e mais justa. Como bem analisa o filósofo inglês Roger Scruton no livro "Tolos, Fraudes e Militantes" (Editora Record, Rio de Janeiro – 2018): a "inevitabilidade histórica" dessa condição livrava Marx da necessidade de descrevê-la. E segue Scruton: "A ciência consiste nas leis de movimento histórico estabelecidas em 'O Capital' e outros textos, de acordo com as quais o desenvolvimento econômico causa mudanças sucessivas na infraestrutura da sociedade, permitindo-nos prever que, um dia, a propriedade privada desaparecerá. Depois de um período de tutela socialista – 'a ditadura do proletariado' –, o Estado definhará, e não haverá leis nem necessidade delas e tudo será propriedade comum. Não haverá divisão do trabalho e cada pessoa viverá da ampla variedade de suas necessidades e desejos, 'caçando pela manhã, pescando à tarde, cuidando do gado à noite e se engajando em crítica literária após o jantar' como nos é dito em A Ideologia Alemã. Para quem acredita em Papai Noel e mula sem cabeça, esse "socialismo científico" é perfeito. Mas quem vai manter tudo isso funcionando nesse "paraíso edênico"? A essa pergunta inconveniente, os marxistas dão de ombros e dizem que essas questões são irrelevantes.

O marxismo é uma metanarrativa descerebrada e apresenta equívocos, contradições e é incompatível com a liberdade do indivíduo. Aliás, as profecias de Marx se materializam com os sinais trocados: o estado é totalitário, a burocracia é paralisante, as condições do povo são infames e a economia é um fracasso... Até o homem que eles quiseram pôr na prancheta (*Homo sovieticus*) não deu liga. É preciso entender que na teoria não existe diferença entre teoria e prática. Na prática, existe. Afinal o marxismo é muito semelhante a uma religião – com o seu profeta, os seus textos sagrados e a promessa de levar os seus fiéis seguidores ao paraíso. Marx está na UTI, mas a obstinação terapêutica dos *marxólatras* militantes impede o desligamento dos aparelhos.

9
GRAMSCI NA ACADEMIA

Antonio Gramsci (1891-1937) foi um pensador italiano de esquerda e foi um dos fundadores do Partido Comunista da Itália (PCI). Com a ascensão do fascismo na Itália, Gramsci foi preso em 1926. Ele foi filósofo, jornalista, escritor, crítico literário e sobretudo um ativista político. Durante sua permanência na prisão ele escreveu mais de 30 cadernos – mais tarde publicados sob o título de "Cadernos do Cárcere".

Gramsci desenvolveu a Teoria da Hegemonia Cultural, cujo postulado básico é que a supremacia de um grupo social manifesta-se de dois modos: como dominação e como influência intelectual e moral. Enquanto a dominação é exercida por meio dos aparatos coercitivos da política, a influência (ou manipulação comportamental) é exercida por meio dos aparatos hegemônicos da sociedade civil, como a universidade, a Igreja, os partidos políticos, os sindicatos, a imprensa e o meio artístico.

Gramsci, por meio dos seus "Cadernos do Cárcere", fez racionalizações requintadas e eruditas e pode-se dizer por meio de uma ditadura pedagógica elaborou uma Teoria da Hegemonia Cultural. A sua Teoria da Hegemonia Cultural tem como meta reverter a equação da hegemonia cultural do Mundo Ocidental e, para isso, ele focou os estudos dos aspectos culturais da sociedade (a chamada superestrutura no marxismo clássico). Deu particular importância aos chamados "intelectuais orgânicos", que ele distinguia dos "intelectuais tradicionais". A hegemonia cultural deve ser perseguida pela ação dos intelectuais orgânicos que atuam no meio universitário, nos veículos de comunicação (televisão, radiodifusão, internet...), na mídia impressa, no meio artístico (teatro, cinema), nos sindicatos, nas entidades religiosas... Segundo Gramsci, não se pode separar o *Homo faber* do *Homo sapiens* (o homem que fabrica do homem que pensa). São os intelectuais modernos, engajados na construção do socialismo. O dedo de Maquiavel está nos escritos gramscianos: o que vale dizer "O Príncipe Moderno" é o partido revolucionário que baliza a ação dos intelectuais orgânicos e que, além de ser a força motriz para a conquista do poder, vai preservá-lo. Depois de passar anos na prisão e com a saúde muito debilitada (sofria do Mal de Pott – tuberculose na coluna vertebral), Gramsci foi liberado em 1937 e no mesmo ano morreu de derrame cerebral.

Segundo Roger Scruton, a importância de Gramsci, para nós, hoje, reside em sua resoluta tentativa de tirar a revolução das ruas e das fábricas e levá-la para a alta cultura; ele redesenhou o programa da esquerda como revolução cultural.

Entretanto, o viés totalitário é o mesmo do marxismo clássico – com o Partido Comunista no poder para todo o sempre. É a predestinação revolucionária – uma espécie de escatologia imamentista. No Brasil, Gramsci deita e rola no meio universitário, nas escolas do ensino médio, nos meios de comunicação, no meio artístico, nos sindicatos... O intelectual orgânico que manipula mentes, ainda imaturas, promove uma verdadeira tirania do saber.

10

EU NÃO SOU PRISIONEIRO DE MINHAS IDEIAS

Relendo um texto que publiquei no Jornal da Tarde (Grupo Estado) sob o título *"Strip-Tease* Ideológico", em 18/02/1989, eu constatei que ele não sofreu o desgaste do tempo – vou transcrevê-lo para a avaliação do leitor.

Ao longo de minha vida tenho ouvido pessoas, de diferentes níveis culturais, afirmarem com orgulho e muita convicção: "Eu sou coerente, eu não mudo de opinião". Isso significa que elas percorrem uma trajetória linear no mundo – presas a dogmas e certezas – numa verdadeira camisa de força mental e comportamental. São as convicções, que representam uma espécie de prisão. São as certezas religiosas, políticas, científicas e filosóficas que conferem a essas pessoas um instrumental para tudo explicar e que balizam as suas vidas para todo o sempre.

A mudança significa uma ruptura com valores consagrados e sedimentados, e é sempre traumática. É mais fácil ser coerente. É muito penoso desconstruir esquemas mentais estruturados e abdicar de crenças. É mais fácil ser coerente. Eu mesmo vivi muitos anos armado com a teoria marxista da História e tinha explicação para tudo, sem falar [é claro] que poderia transformar o mundo a qualquer momento. Sem a teoria marxista, eu era um ser indefeso e incapaz de interpretar o mais prosaico fato social. O poeta francês Paul Eluard, que em certo momento foi partido-dependente, chegou a afirmar: "Se não houvesse o Partido eu abriria a torneira de gás." À medida que eu fui me libertando dos dogmas, das amarras e dos condicionamentos marxistas, senti um grande alívio: a sensação de tirar um piano da cabeça. Foi a minha segunda libertação; a primeira foi o rompimento com a fé católica. Eu havia trocado um evangelho por outro. Hoje, após meu *striptease* ideológico, tenho a sensação de um viajante sem bagagem. O grande estadista francês Georges Clemenceau costumava citar um ditado: *"L'imbécile est celui qui ne change pas."*

Embora a palavra "ideologia" do ponto de vista etimológico, signifique estudo das ideias, ela adquiriu, a partir de Marx, o significado de uma interpretação do mundo, do homem, da sociedade e da história, voltada para o poder. Segundo Marx, ideologia é a superestrutura conceitual que permite à classe dominante justificar e manter a estrutura econômica vigente. É o sistema que "legitima" o grupo dominante. Qualquer corrente de ideias (religiosa, científica, política etc.) pode ser ideologizada, desde que tenha como objetivo manipular pessoas (ou a sociedade) para uma posição de domínio. A ideologia, enquanto sistema de ideias, é aberta à comunicação com outros sistemas, mas na medida em que se torna um sistema fechado (insulamento ideológico) ela se transforma em doutrina. E a ideologia doutrinária tem seu embasamento na fé, na revelação, nos dogmas. É o caso da doutrina cristã (ou de qualquer outra religião). Por analogia, o marxismo, enquanto teoria ou sistema de ideias, pode se comunicar com o exterior, enriquecer-se ou corromper-se. Mas, desde que institucionalizado, torna o Estado detentor do poder político e ideológico. Nesse caso, a doutrina oficial torna-se religião e o Estado passa a ter caráter confessional e aqueles que não adotam o catecismo passam à condição de heréticos. Nas sociedades pluralistas, os partidos que adotam a ideologia marxista se tornam fechados e caem num monolitismo exacerbado. Os pontos doutrinários se transformam em dogmas e as doutrinas estão equipadas com dispositivos de rejeição a toda ideia estranha à sua homeostase.

Encerrar o mundo em sistemas ou ideologias me parece um comportamento totalitário. Não sem razão Robert Musil refere que os filósofos são seres violentos que, não podendo ter um exército à sua disposição, submetem o mundo encerrando-o num sistema. A ideologia impregna de tal forma os seus adeptos que, quando os fatos não concordam com as ideias, pior para os fatos. São os efeitos colaterais das ideologias. Evite ficar apaixonado por uma ideia; você pode ficar intoxicado, e isso, bloqueia o seu discernimento. Procure sempre confrontar ideias, porque o modelo ideológico é um convite ao não pensar.

Também o capitalismo tem a sua ideologia (ideologia burguesa), mas nos países desenvolvidos (de sociedade aberta) esse sistema de ideias consegue conviver com os contrários. O capitalismo possui um estômago forte que lhe permite provar de todos os pratos, sem mudar o prato de resistência (democracia representativa; liberdade de expressão). Embora a ideologia permeie a política *lato sensu*, é usual designar de ideológico o partido de esquerda. Em nosso país os partidos são classificados em fisiológicos e ideológicos, e essa classificação maniqueísta é adotada pela própria esquerda. O partido com forte embasamento ideológico é infenso ao diálogo, é intolerante e, embora a sua retórica seja democrática, sua prática é autoritária. É preciso saber conviver com os contrários, de tal sorte a exercitar a tolerância, e tolerância é sobretudo respeitar quem pensa diferente de nós. Os partidos não devem ser balizados por doutrinas rígidas, até mesmo porque quando todos pensam igual é sinal de que ninguém pensa muito. O militante de partido com forte matiz ideológico é incapaz de entender os não militantes (alienados) ou os militantes de outras causas (fascistas; reacionários). Na realidade, o militante do partido de esquerda, geralmente, é amestrado. Entretanto, criticar os partidos não significa querer a sua supressão ou pregar um comportamento apolítico. Penso que a atividade política não pode ficar confinada aos partidos e é fundamental que segmentos da sociedade se organizem, fiscalizem o poder público e procurem participar do processo político. Na feliz expressão de Marshall MacLuan: "Na nave espacial Terra não há passageiros. Todos são tripulantes."

# 11

ESPERANÇA

Pare de ser um prisioneiro do seu passado, transforme-se no arquiteto do seu futuro.
(Anônimo)

A esperança não serve para o jantar, mas alimenta uma vida inteira. É isso mesmo o que nos empurra para a frente são os nossos devaneios, nossos sonhos, nossa expectativa de uma vida melhor. E a esperança é o motor que move a vida da maioria das pessoas, de sorte que elas vivem e esperam, esperam e vivem. Qualquer coisa do tipo "enquanto há vida, há esperança". Mas o desmancha-prazer Benjamin Franklin disse certa ocasião: "Quem vive de esperança morre em jejum."

A esperança é também uma das três virtudes teologais do Cristianismo. Por meio dessa virtude, os cristãos desejam e esperam de Deus a vida eterna e o Reino de Deus, como a felicidade última para eles, colocando as suas confianças nas promessas de Cristo. Para merecer e perseverar essa confiança até o fim da vida terrena, os cristãos acreditam que a ajuda da graça do Espírito Santo é crucial. Mas também outros credos religiosos pregam a bonança numa vida eterna no paraíso.

Muitos *slogans* turbinam a existência dos esperançosos: "Quem persegue a esperança/com muita perseverança/um dia sempre alcança" ou "A esperança é a última que morre" ou ainda "Brasileiro, profissão: esperança."

Até no teatro do absurdo – *Esperando Godot* –, a expectativa da espera segue até o fim.

A esperança é um pouco a utopia de cada um, aquele lugar onde o ser humano projeta os seus sonhos. Alguns têm os pés no chão e alimentam expectativas factíveis. Outros têm os pés nas nuvens, são meio delirantes e sonham com os Eldorados, Shangri-Las e as Passárgadas. Por mais enganadora que seja, ela nos ajuda a trilhar um caminho até o fim da vida. O importante é manter a chama da esperança: é o doente desenganado que vai à procura de tratamentos alternativos; é a mocinha apaixonada, que levou o fora, mas acredita na reconciliação; é o fanático por futebol, cujo time acabou de perder o campeonato e ele já aguarda a próxima competição com redobrada esperança; é o político, que acabou de perder a eleição, e já espera aderir ao governo para gozar de uma "boquinha" num órgão público.

Por aí se pode concluir que o ser humano pode perder tudo, menos a esperança. Pois já dizia Berilo Neves: "A esperança é uma maneira de ser feliz sem a felicidade". No meu entendimento, a esperança é uma tentativa de construir o futuro.

Até aqui eu usei o termo esperança no sentido positivo, isso é, no sentido de boa expectativa – mas eu vou concluir com as palavras terríveis do genial Dante Alighieri: '*Lasciate ogni speranza, voi ch'entrate* (Inscrição no portão do Inferno).

12

NEOTONIA

NÃO NASCEMOS PRONTOS

Como uma definição singela, podemos afirmar que Neotonia é uma espécie de retardamento somático no ser humano. Nós não nascemos prontos – o que vale dizer os bebês humanos nascem quase como embriões e são inteiramente dependentes – o recém-nascido apresenta alguns comportamentos inatos: suga o seio da mãe [quando devidamente amparado], deglute e apresenta alguns outros comportamentos automático-reflexos, sem ainda um objetivo claramente definido. Nas primeiras semanas de vida os bebês dormem quase o tempo todo e só acordam quando estão com fome, com dor ou algum outro desconforto. Durante o primeiro ano de vida a criança tem que aprender a fixar o olhar, a sorrir, a apanhar um objeto, a engatinhar, a ficar de pé, a andar e a falar.

Na escala zoológica, a maioria dos animais já nasce com um repertório de comportamentos inatos, que lhes asseguram uma certa independência. Por exemplo, o pequeno bezerro que acabou de nascer já é capaz de andar (ainda que meio trôpego). Entretanto, embora os animais nasçam praticamente prontos, a sua capacidade de aprendizagem, ao longo da vida, é muito reduzida. Talvez as espécies predadoras aprendam, com os animais mais velhos, a estratégia para capturar a presa. Nos primatas, particularmente, os filhotes de chimpanzés, devem aprender com os mais velhos alguma atividade do tipo manipulatório (transportar água com folhas improvisadas, ou colocar uma varinha nas térmitas para buscar alimento).

O *Homo sapiens* é essencialmente um animal neotênico (nasce incompleto) e de desenvolvimento vagaroso. Esse vagaroso, explica Stephen Gould, é essencial para que aprendamos. Somos seres culturais por excelência e aprendemos durante toda a vida. O homem é capaz de viver do equador até os pólos – o que significa que ele se adapta a uma grande diversidade de nichos ecológicos.

Quero concluir esse texto com uma frase do grande hematologista francês Jean Bernard: "O homem é o único animal que vive do equador até o pólo, cuja mulher se pinta e que se lembra do seu avô."

P.S.: Neotenia – capacidade de persistência de caracteres filogenéticos larvais ou juvenis na fase adulta, como ocorre em anfíbios (conceito dicionarizado).

13

INFORMAÇÃO/ CONHECIMENTO/ SABEDORIA

Os vocábulos, do andar de cima, mantém um certo grau de parentesco. Entretanto, cada um tem personalidade própria e eu vou tentar dissecá-los para observar em suas entranhas semelhanças e dessemelhanças. Eu não vou abordar o vocábulo informação no sentido dicionarizado – transmissão de notícias e de dados. Nesse sentido a informação é útil e responde pela miudeza de nossos relacionamentos no dia a dia. Eu vou sim tratar da informação na era digital – transmissão de mensagens por meio dos meios eletrônicos de comunicação. Aqui a informação pode ser extremamente útil: procurar se informar por meio da internet da época das provas do Enem; ou se inteirar, por meio da televisão, quais são os locais e horários para a imunização contra a febre amarela. Esse é o lado de prestação de serviço da informação. Entretanto, no mundo contemporâneo a informação não tem domicílio certo – na era da globalização ela está pulverizada. Ela está nas escolas, nos hospitais, nas igrejas, no sistema financeiro, na televisão, nas tecnologias digitais (particularmente na internet). Nós estamos vivendo um tempo de muita informação [muitas vezes irrelevante] e pouca ou nenhuma reflexão. A informação é pré-requisito para o conhecimento – o sistema nervoso central precisa receber os estímulos que são veiculados pelos órgãos dos sentidos (sensações transmitidas pela visão, audição, olfação, paladar e tato), processá-los e decodificá-los. Por exemplo, nós enxergamos com o cérebro e não com os olhos – os olhos [que são parte do sistema visual] apenas recolhem os estímulos do meio ambiente (sensações) e os enviam ao cérebro que os processam e decodificam (percepção). Quando ocorrem lesões em certas partes do cérebro, o paciente pode ver o objeto, mas não o reconhece (agnosia visual). De sorte que uma avalanche de informação pode não se transformar numa avalanche de conhecimento. O que vale dizer que as informações só se transformam em conhecimento articulado quando passam pelo crivo da reflexão; elas têm que ser processadas com espírito crítico. Muitas vezes o excesso de informação, principalmente quando temporalmente acelerado, pode produzir na cabeça do usuário cacofonia. É a sociedade desorientada da era hipertecnológica.

A civilização da escrita exige, para organizar o pensamento, a elaboração de conceitos e nós estamos em plena revolução digital (era iconizada), em que o ser humano vai sendo impregnado por signos e imagens. Com o raciocínio conceitual nós ingressamos no mundo das abstrações, em que o pensamento subjetivo assume o primeiro plano; já o objeto estimula a sensação, logo o pensamento concreto.

O conhecimento pode ser comunicado e ensinado, mas não a sabedoria – segundo Herman Hesse: "A sabedoria é um degrau superior ao conhecimento." É preciso advertir o leitor que a sabedoria exige decantação de conhecimento articulado. É a maturidade ou "idade da razão." Nem todos atingem esse estágio do saber. Nem todo idoso é sábio – ele pode ser mais prudente. Disse o escritor André Malraux: "A sabedoria é o conhecimento temperado pelo juízo."

14

HAI-KAI

O QUE É? É O BRILHO DO SOL, NUMA GOTA DE ORVALHO!

O *hai-kai* é um pequeno poema que tem sua origem no Japão, entretanto a época de seu aparecimento é controversa. Matsuo Bashô, mestre japonês do século XVII, divulgou e tornou conhecido esse tipo de poema. Ele era um simbolista e adepto ao zen. O *hai-kai* japonês, em sua forma tradicional, é um poema composto de 17 sílabas distribuídas em 3 versos. O primeiro verso deve conter cinco sílabas, o segundo sete e o terceiro, novamente cinco. O *hai-kai* não tem rima, nem título. Com Bashô, é uma forma de ver e viver o mundo. O poema registra a imagem, o instante e não envolve sentimento, apenas sugere. Em princípio, o *hai-kai* deve sugerir uma das estações do ano (o chamado *kigô* – palavra que em japonês significa estação do ano). O *hai-kai*, quando ganhou o mundo e se capilarizou, sofreu tranformações e, hoje, essa forma de poesia está povoada de animais, flores, crianças, sentimentos humanos e alguns hai-kaidistas colocam até título no pequeno poema.

O poema recebeu inicialmente o nome de *haiku* e depois de *hai-kai*. O humorista e também haikaidista, Millôr Fernandes disse que o *Haiku* aparece, geralmente, em nossos dicionários com a grafia *Hai-Cai* por dois motivos básicos: o primeiro, a guerra que os filólogos patrícios resolveram deflagrar à linda letra K, pelo simples fato de ter aquele ar agressivamente germânico e só andar com passo de ganso; o segundo motivo do não uso da grafia *Haiku* é a homofonia da segunda sílaba com outra palavra da língua portuguesa, designativa de certa parte do corpo de múltipla importância fisiológica.

Parece que quem introduziu o *hai-kai* no Brasil foi o médico e escritor Afrânio Peixoto, porém quem o modificou, deu *status* e divulgou esse tipo de poema entre nós foi o poeta Guilherme de Almeida. Ele desenvolveu uma nova maneira de escrever *hai-kais*, conservando a métrica 5-7-5 sílabas, mas rimando o 1º e 3º versos; e acrescentou uma rima interna no 2º verso, entre a 2^a e 7ª sílabas. Essas modificações vieram dotar o *hai-kai* de uma forte cadência e musicalidade. Outra modificação sugerida por Almeida, foi dar um título ao poema. Os haikaidistas brasileiros não aprovaram as mudanças, que na visão deles desvirtua o *hai-kai* tradicional. Entretanto, eles não são a Santa Sé e seus dogmas nem sempre devem ser aceitos pela comunidade de haikaidistas. O *hai-kai* bem feito – seja com rima, com métrica ou com título – deve ser cultuado pelo leitor. É assim que as coisas funcionam.

Exemplos de alguns *hai-kais*:

A noite acende os astros
a manhã apaga as estrelas
e a Terra segue seus rastros
Wilson Luiz Sanvito

Duas folhas na sandália
o outono
também quer andar
Paulo Leminski

Na poça da rua
o vira-lata
lambe a lua
Millôr Fernandes

Velhice
Uma folha morta
um galho, no céu grisalho,
fecho minha porta.
Guilherme de Almeida

Rosa suntuosa e simples
como podes estar tão vestida
e ao mesmo tempo inteiramente nua?
Mário Quintana

A poesia é necessária? Com certeza! Principalmente nesse mundo tecnocêntrico, onde os poetas são afásicos irrecuperáveis. Predomina a linguagem da informática. Para Menotti del Picchia, a poesia nasceu com a primeira aurora e morrerá com o último crepúsculo.

15

TOLERÂNCIA

PARA INTOLERANTES

Devemos exorcizar diariamente o homem intolerante que habita em nós. Nós vivemos num mundo globalizado que alberga comportamentos cristalizados durante séculos: machismo, racismo, misoginia, homofobia, xenofobia, intolerância religiosa, fanatismo político... A erradicação desses comportamentos exige educação [no seio da família e formal], legislações específicas e, sobretudo, praticar a cultura da tolerância. Voltaire, no seu "Tratado Sobre a Tolerância", afirmou: "A discórdia é o maior mal do gênero humano. Para isso, o único remédio é a tolerância."

O exercício da tolerância tem que ser cultivado numa sociedade pluralista e, num mundo sem fronteiras: a pessoa tem que aprender a viver com o diferente. As sociedades contemporâneas são complexas e abrigam, em seus seio os *haters* [aqueles que odeiam os diferentes] e os *lovers* [aqueles que amam os diferentes]. Quando a intolerância vence a tolerância, e a ação do intolerante é deletéria, aplicar a lei é preciso.

A tolerância é sobretudo saber ouvir o seu interlocutor, mesmo discordando dele. De sorte que num debate civilizado há um diálogo [de duas mãos: ouvir-e-falar, falar-e-ouvir] comportando argumentos e contra-argumentos. Assim, o debate é extremamente saudável pois permite esgrimir ideias e articular o pensamento.

A intolerância é uma praga social e vem se tornando um tormento na era digital – é comum que os internautas destilem seus ódios viscerais nas redes sociais. São os crimes cibernéticos de difícil controle. De sorte que a tolerância precisa ser perpetuamente reinventada, de acordo com a transformação do mundo e a mudança das ideias.

Para avançar no tema "tolerância" vou me permitir citar o articulista Antonio Carlos Prado (Revista IstoÉ – 05/12/2018): "O filósofo da ciência Karl Popper formulou um dos principais teoremas da democracia. Trata-se do 'paradoxo da tolerância'... Escreveu Popper em *The open society and its enemies*: tolerância ilimitada leva ao desaparecimento da própria tolerância, se estendermos o ilimitado até mesmo para aqueles que são intolerantes (...), então os tolerantes serão destruídos, e a tolerância juntamente com eles".

Para mim a democracia sobrevive porque tem estômago forte, sendo capaz de dialogar até com aqueles que a querem sepultar.

A palavra tolerância não deve ser assimilada congelada, em estado de dicionário. É uma palavra polissêmica e seu significado depende do contexto em que ela está inserida, e até atingir a antinomia (isso é, o seu oposto). Por exemplo, o prefeito de Nova York Rudolph Giuliani (1994-2002) decretou "tolerância zero" contra o crime, que significa exatamente intolerância ao crime.

Para concluir, caro leitor: Ave a tolerância e abaixo a intolerância!

16

FELICIDADE/INFELICIDADE

 A felicidade é um desses conceitos imprecisos, em que abundam definições, mas nenhuma consegue explicitar um estado subjetivo – próprio de cada pessoa. É aquilo que em latim se denomina *qualia* – estados subjetivos [nem sempre verbalizáveis] e que cada um vivencia à sua maneira. Schopenhauer era de opinião que felicidade tem mais a ver com a paz interior do que com o júbilo e a alegria e chegou a listar 50 regras para atingir a felicidade.

 Segundo o filósofo grego Aristóteles, existem três formas de felicidade: a dos prazeres materiais, a da glória e a da virtude. A primeira é a forma mais cultivada e se transformou, nos países desenvolvidos, em uma espécie de religião. É o evangelho da sociedade do consumo e, por meio dele, o homem procura o máximo de bens materiais e o seu desfrute. O importante é o ter, não o ser. Na segunda forma, a felicidade é o alcance da glória. Nesse esquema, o ser humano para ser feliz necessita da aprovação dos demais. Essa forma não é incompatível com a primeira. No terceiro caminho, o ser atinge a felicidade agindo virtuosamente. O modo de vida é despojado, não havendo barganha, necessidade de aprovação da plateia ou de compensações materiais. Rico, celebridade ou santo? Esses são os caminhos para se atingir a felicidade. Nada disso, a felicidade não deve ficar sujeita às camisas de força conceituais.

 Pode-se compreender a felicidade de diversas maneiras: como bem-estar, como atividade contemplativa, como prazer (sensorial ou espiritual) etc. Embora a felicidade seja indefinível e inexplicável, ela pode ser fruída por qualquer pessoa. Compreender não significa, necessariamente, explicar o fenômeno, mas conhecer de modo intuitivo por meio de uma participação vivida.

As filosofias do absurdo negam *a priori* a possibilidade de se alcançar a felicidade, enquanto para certos espiritualistas só alcança a felicidade quem consegue transcender as coisas terrenas. Já para os pragmáticos, o indivíduo para ser feliz tem de aprender a lidar com os seus conflitos, enfim com os desafios do mundo. Isso leva, no mundo moderno, a um superconsumo de psicoterapias.

Entretanto, na era da "literatura de autoajuda", a felicidade pode ser adquirida [numa gôndola de livraria] como uma mercadoria – como se adquire xampu ou sabão em pó em supermercados. Assim, abundam títulos: "A felicidade em 10 lições"; "Pense bem e seja feliz"; "Só é infeliz quem quem quer"; "Sete maneiras para conquistar a felicidade". É um festival de besteiras, mas que tem apelo mercadológico (a impostura intelectual, nos dias de hoje, é uma constante). E, lamentavelmente, a capacidade de acreditar da maioria das pessoas é muito alta e o espírito crítico praticamente inexiste. Conclusão óbvia: a conquista da felicidade não deve ser elaborada em fórmulas de laboratório. Mas, se é para dar receita para ser feliz, eu prefiro a que segue, que pelo menos é exótica: "Diz uma velha fórmula que a felicidade consiste em nascer burro, viver ignorante e morrer de repente."

Mas se felicidade é um estado indefinível, já o seu antônimo, a infelicidade, é perfeitamente definível. Sabemos quando estamos infelizes: é um mal-estar físico e/ou psicológico. Como dizia jocosamente Guimarães Rosa: "Infelicidade é uma questão de prefixo."

Entretanto, na maior parte do tempo estamos em um estado neutro ou não temos consciência de nossa felicidade – às vezes, só retrospectivamente: "Eu era feliz e não sabia", ou voltando a Guimarães Rosa: "Felicidade se acha só nas horinhas de descuido." A felicidade enfim não é uma estação a desembarcar, mas uma maneira de viajar.

Todos nós temos o direito de sonhar com a felicidade. Os sonhos dos Eldorados, Passárgadas e Shangri-Las sempre povoaram a mente dos homens. Segundo Oscar Wilde, um mapa do mundo que não inclua Utopia não é digno de receber uma olhada sequer, porque omite justamente o país em que a humanidade está sempre desembarcando.

A corrente de filosofia hedonista aposta que felicidade é a conquista de uma existência plena de prazeres. Essa é uma visão equivocada — eu posso sentir prazer ao degustar um vinho generoso e ser profundamente infeliz. Outra forma, seria a fuga farmacológica dos drogaditos: a viagem só é agradável no início, depois a *happy pill* vira um pesadelo.

Já que os filósofos e os cientistas não conseguem elaborar um conceito satisfatório de felicidade em seus volumosos tratados, vamos ver a visão dos poetas sobre o assunto. Vou começar com Vicente de Carvalho: "Essa felicidade que supomos/árvore milagrosa que sonhamos/toda arreada de dourados pomos/ existe sim: mas nós não a alcançamos/porque está sempre onde a pomos/e nunca a pomos onde nós estamos." Opinião do poeta Dalmo Florence: "Ser feliz nisto consiste/esquecer que somos tristes..." Os poetas são eternos sonhadores!

É muito comum a afirmação "o dinheiro não compra a felicidade". É verdade, o dinheiro não compra a felicidade, mas acalma os nervos! Há já alguns anos, países da União Europeia, fazem uma sondagem sobre o índice de felicidade das pessoas (bens de consumo, qualidade dos serviços públicos, entretenimento...) — seria melhor nomear essa pesquisa como "índice de satisfação", porque a felicidade não é um substantivo mensurável.

Para muitas pessoas que são religiosas e cultivam uma fé inquebrantável, a felicidade é uma questão transcendental e, certamente, elas gozarão as delícias do paraíso edênico no pós-mortem. Mas vamos descer das nuvens e colocar os pés no chão, vamos conquistar a felicidade aqui num cantinho do planeta Terra. Felicidade, para mim, é estar em estado de graça com o mundo. Ponto.

17

A FASCINANTE HISTÓRIA DO DINHEIRO

Ela começa antes mesmo do aparecimento do dinheiro propriamente dito. Quando o primata arborícola desceu para as savanas e assumiu a posição ereta – no processo de hominização – surgiu o *Homo erectus*, que caminhava sobre os dois pés e usava as mãos para a preensão e manipulação. A seguir, no processo evolutivo, surgiu o *Homo faber* [aquele que começava a fabricar ferramentas] e aí, provavelmente, começa o hábito de trocas no mundo – é o chamado "escambo" –, por exemplo, a troca de um estilete de metal por um machado de sílex. Com o passar dos séculos, o homem abandona a vida nômade [como habitante de cavernas] e se fixa na terra construindo habitações rústicas e tem início uma agricultura rudimentar e continua o hábito de trocas de mercadorias. Entretanto, com o adensamento das construções rústicas (choupanas) e a organização de famílias começam a nascer pequenas vilas e há o surgimento de um comércio incipiente. Contudo, o escambo ainda era a maneira de trocar valores. Até conchinhas [do mar] foram usadas como dinheiro em diversas partes do mundo durante a Antiguidade; também o sal (daí a origem de salário), o tabaco, grãos de cacau, e os cristais foram utilizados como moeda de troca. Porém, com a evolução da economia e a complexidade das trocas, o regime do escambo foi abandonado [ainda há no mundo contemporâneo sociedades primitivas que praticam o escambo].

Só no século VII a.C. surgiram as primeiras moedas, feitas primeiro na China – de bronze e, mais tarde, em outros países de ouro, prata e cobre. Mas parece que há 5.000 anos na Babilônia, se usava como dinheiro lingotes [ou barras] de metal. A cédulas (papel-moeda) apareceram primeiro na China, no ano 960.

Na Idade Média surgiu o hábito de guardar as moedas sob o cuidado de ourives e o depositante tinha como garantia um recibo; esse recibo, às vezes, circulava em transações comerciais ou de outra natureza. Mais tarde surgiu o sistema financeiro com os bancos, os talões de cheque e mais modernamente o cartão de plástico. O cartão de crédito/débito é uma forma de pagamento eletrônico (que pode substituir o cheque bancário tradicional) que surgiu nos Estados Unidos na década de 1920 – um *upgrade* no pagamento ou depósito eletrônico é aquele feito pela internet ou pelos caixas eletrônicos do próprio banco.

O governo por meio de seu banco central (e casa da moeda) emite o dinheiro de seu país, com a finalidade de organizar a economia e evitar falsificações.

A revolução do papel-moeda dos séculos XVIII e XIX financiou a industrialização e criou o capitalismo, mais eficaz e produtivo que o feudalismo ou que o Império Romano baseado na velha moeda (*In* Jack Weatherford – Uma história de perdas e ganhos. Revista Veja 15/08/2018).

Agora na era digital surgiu uma nova tecnologia (*blockchain*) com uma moeda virtual que circula na internet e tem o nome de criptomoeda – a principal delas é o *bitcoin*.

Assim, plataformas eletrônicas específicas são ferramentas para viabilizar as transações com a nova moeda. Entretanto, esse sistema não está ainda bem consolidado e não tem o aval dos bancos centrais dos países mais desenvolvidos do mundo. É possível – num futuro próximo – que surja um dinheiro eletrônico que seja operado e esteja sob o controle de governos ou de corporações internacionais.

Assim, no mundo das transações econômicas nós passamos por vários períodos desde a alta Antiguidade até a Idade Contemporânea: escambo, moeda (metal), papel-moeda (cédula), talão de cheque, cartão de plástico (crédito/débito), criptomoeda (*bitcoin*), com transações por meio de plataformas eletrônicas na internet.

Para concluir: *Nothing is permanent except change.*

18

DINHEIRO

FRASES DE IMPACTO

A desimportância do dinheiro
Segundo o escritor Truman Capote, o dinheiro não tem a menor importância desde que a gente tenha muito.

Até as últimas consequências
Tem gente que por dinheiro é capaz de tudo, até mesmo de trabalhar.

Poder econômico
Quando o dinheiro fala, a verdade se cala (dito popular).

Chave-mestra
O dinheiro é uma espécie de gazua: abre todas as portas.

Pobreza de espírito
Determinadas pessoas são tão pobres que a única coisa que possuem é o dinheiro.

Juízo de valor
Oscar Wilde, numa ocasião, confessou: "Quando eu era jovem pensava que o dinheiro era a coisa mais importante do mundo. Hoje, tenho certeza."

Leon Eliachar
"É bom não esquecer que dinheiro não é tudo na vida. Tudo na vida é a falta de dinheiro."

William Shakespeare
"Se o dinheiro for na frente, todos os caminhos se abrem."

Esse tinha intimidade com o dinheiro
Conselho para quem quer ficar rico: acorde cedo, trabalhe bastante e ache petróleo (Jean Paul Getty).

Poder indiscutível
O dinheiro, para Alexandre Dumas (filho), é o único poder que não se discute.

Pré-requisito
Para Somerset Maugham, o dinheiro é como um sexto sentido, e não se pode fazer uso dos outros cinco sem ele.

Para-choquegrafia
Se o homem fosse dinheiro, baixinho seria o troco.

Culto ecumênico
Dinheiro: idolatria que faz parte de todos os credos.

Preceito de algumas seitas evangélicas
Templo é dinheiro.

19

ESTATÍSTICA

GENERALIDADES

Uma definição singela de estatística é a que segue: "Ramo da matemática que estuda a informação expressa em números." O estudo estatístico começa com a escolha de um tema (social, biológico, político...) e então aplica-se uma metodologia com a coleta de dados, processamento dos dados (resultados) e conclusões (positivas e/ou negativas). No meio do estudo várias ferramentas são utilizadas: média, mediana, intervalo de confiança, desvio-padrão, gráficos, tabelas, entre outros.

A estatística invade, cada vez mais, a vida do cidadão comum, e seus efeitos nem sempre são positivos e podem ser até perversos para a sociedade. Ela se transformou numa espécie de ópio dos cientistas, economistas, sociólogos, jornalistas, publicitários, médicos e *tutti quanti*. O sociólogo americano Neil Postman era de opinião que a estatística cria uma enorme quantidade de informação completamente inútil, o que aumenta a tarefa, sempre difícil, de localizar o que é útil para o conhecimento. Isso, dizia ele, é mais do que um caso de "excesso de informação", é uma questão de "insignificância da informação", que tem o efeito de colocar toda informação no mesmo nível. E concluiu: a diversidade, a complexidade e a ambiguidade do julgamento são inimigos da técnica. Elas zombam das estatísticas, das pesquisas de opinião, dos testes padronizados, das burocracias. Eu acrescento que o excesso de informação é também perverso porque pode provocar uma cacofonia na cabeça do usuário.

Longe de mim negar o valor da estatística, quando metodologicamente correta, adequadamente utilizada e dentro dos seus limites. Mas a estatística tende a ser superestimada, tende a sair do controle e ocupar espaços onde só pode causar estragos. Acho até que a estatística é uma espécie de pedra filosofal de nosso tempo, e os estatísticos, que tudo manipulam com números e fórmulas cabalísticas, são capazes de provar o óbvio: por exemplo, que a cama é o lugar mais perigoso do mundo, pois é aí que a maioria das pessoas morre.

Além do que, no mundo contemporâneo, cujo conhecimento hegemônico é o científico – que vive atropelando a ética – pode haver manipulação de dados. Os defensores da estatística declaram enfaticamente: "Os números não mentem jamais." Os detratores contra-argumentam: "Os mentirosos fabricam números." O trágico, às vezes, é o que as estatísticas escondem, não o que elas revelam. Se a estatística pudesse filosofar, ela diria: "Números, logo existo." Se você torturar os dados por tempo suficiente, eles confessam.

O fato é que a estatística isolada não respira, pois ela é um conjunto de técnicas matemáticas de tratamento dos dados numéricos. Seria preciso a criação de uma metaestatística (isso é, o conhecimento sobre o conhecimento estatístico). As práticas estatísticas são ainda meio nebulosas e de difícil compreensão – e o público oscila entre a credulidade e a desconfiança.

Quero concluir com Georges Elgozy (*"L'Esprit des Mots"*): "Na estatística, a inexatidão do número inteiro é compensada pela precisão dos decimais."

20

ESTATÍSTICA

MEDICINA

Na pesquisa biológica, nós estamos intoxicados pela estatística – particularmente, na área médica (seja na pesquisa, seja na área assistencial). Costumo dizer que em medicina, muitos doentes morrem de doenças, alguns morrem de médico e a maioria morre de estatísticas. A estatística se tornou uma espécie de chave-mestra para os médicos e eles acham que vão abrir todas as portas com essa gazua. Por sua vez, alguns gostam de exibir no seu relacionamento com os pacientes essa "erudição médica". Assim o médico pode informar à paciente – em sua frente – que segundo dados estatísticos, a sua chance de sobrevida, após o tratamento cirúrgico do seu câncer de mama [seguido de radio e quimioterapia], será de 3 anos. É qualquer coisa assim no estilo *pour épater le bourgeois*[*]... E, muitas vezes, a citação fria de estatísticas é perversa para a(o) paciente e deve ter lá seu efeito iatrogênico. É uma espécie de antimedicina!

Por outro lado, a abrangência do conhecimento médico – particularmente no século XX e início do XXI – obrigou a segmentação da medicina em muitas especialidades e foi além com uma super-segmentação das especialidades em subespecialidades e assim nasceu a figura do *expert*. Uma espécie de médico microcultíssimo e macroignorante. Essa pulverização tem as suas vantagens e as suas desvantagens. A medicina foi invadida por

---

[*] *Pour épater le bourgeois* é uma expressão francesa que se tornou conhecida no século XIX, cunhada por artistas como Baudelaire e Rimbaud, e significa "chocar a burguesia", a então "classe média" da época.

escalas, protocolos, consensos, metanálises, estudos randomizados... E assim nasceu a medicina baseada em evidências, com suas virtudes e seus efeitos indesejáveis. É o mundo das estatísticas. Para ilustrar o meu raciocínio, vou pinçar o exemplo da pesquisa de uma nova droga na área farmacêutica. A indústria farmacêutica testa um novo fármaco em três ensaios clínicos: na fase 1 testa a droga em pelos menos 20 voluntários saudáveis: na fase 2 em pelo menos 1 mil pacientes; e na fase 3 em pelos menos 20 mil pacientes (estudo multicêntrico). Os estudos são duplos-cegos, tendo como controle a comparação com o grupo placebo. Levando-se em conta que a amostragem é heterogênea (etnias diversas, mas também diferentes hábitos alimentares, diferentes hábitos de vida e, ainda, outras variáveis como situação econômica, jornada de trabalho, *stress* do dia a dia, idade, comorbidades) mesmo quando o "N" é robusto, nos estudos estatísticos o índice de confiança deixa a desejar. Além do que, o laboratório farmacêutico não realiza a fase 4 (fármaco-vigilância) por ser muito onerosa. De sorte que quando o uso da droga se capilariza para milhões de pacientes no mundo todo, podem aparecer efeitos colaterais e adversos importantes, que não foram detectados nas três fases. Não é infrequente a retirada de um fármaco do mercado por seus efeitos danosos (até letais). Cada paciente é único e a medicina ainda tem poucas ferramentas para esse tipo de avaliação.

Na área acadêmica, a pesquisa [na área clínica], geralmente, é embasada por estudos estatísticos (dissertação de mestrado, teses de doutorado ou de livre-docência e, até mesmo nos simples *papers*). Na minha longa carreira acadêmica participei de mais de uma centena de bancas de concurso e na maioria, as teses tinham como prato de resistência, estudos estatísticos. Algumas vezes eu tive a nítida impressão que a tese era invertebrada, isto é, não tinha sustentação. A amostra era pequena e heterogênea, o seguimento dos pacientes da casuística era muito curto, não era respeitado o princípio da equivalência... Enfim, a metodologia era confusa ou, no mínimo equivocada. Como a maioria dos pesquisadores não tem formação na área de estatística e o estatístico não tem, geralmente, formação na área clínica, estabelece-se um "diálogo de surdos". A única coisa que interessa ao pesquisador é que os números referendem as suas conclusões. O estudo estatístico é assim uma cereja do bolo da pesquisa. De modo que a estatística é uma espécie de leito de Procusto** do pesquisador.

A tendência da medicina contemporânea é adotar o paradigma da "Medicina baseada no paciente", sobretudo levando em conta marcadores genéticos – de sorte que o tratamento seja personalizado.

**Na mitologia grega, Procusto era um bandido que vivia na serra de Elêusis. Em sua casa, ele tinha uma cama de ferro, que tinha o seu exato tamanho, para a qual convidava todos os viajantes a se deitarem. Se os hóspedes fossem demasiado altos, ele amputava o excesso do comprimento para ajustá-los à cama. E os que tinham pequena estatura eram esticados até atingirem o comprimento suficiente. Uma vítima nunca se ajustava ao tamanho da cama porque Procusto, secretamente, tinha duas camas de tamanhos diferentes. Ele continuou seu reinado de terror até ser capturado pelo herói ateniense Teseu, que prendeu Procusto em sua própria cama e cortou-lhe a cabeça e os pés e, desse modo, aplicou-lhe o mesmo suplício que infligia aos seus hóspedes.

21

ESTATÍSTICA

POLÍTICA

A mentira, apoiada em números, dá estatística na certa. E, isso, acontece não infrequentemente com os institutos de pesquisa. Existe hoje no mundo, particularmente no Brasil, um verdadeiro frenesi para as sondagens da opinião pública. Os institutos de pesquisa, às vezes criam a ilusão de checar uma "opinião pública" da qual eles são o veículo, quando na verdade eles é que maquiam a "opinião pública". A manipulação da opinião pública é um mecanismo "quase inconsciente" dos agentes da pesquisa. Diz-se até que não existe opinião pública, mas sim opinião publicada.

Embora os agentes de pesquisa se proponham a fazer sondagem sobre tudo (marketing, comportamento, felicidade, crença religiosa, time de futebol preferido, ideologia, política...), no Brasil contemporâneo o filé *mignon* é a pesquisa de intenção de voto. Eu estou digitando esse texto no início de junho de 2018, mas os institutos de pesquisa vêm fazendo sondagens sobre os candidatos e intenção de voto há quase um ano e a eleição será realizada em outubro de 2018. Essas pesquisas, amplamente divulgadas pelos meios de comunicação, são frequentes – e, seguramente, a cada 15 dias, é divulgada uma pesquisa de algum instituto. O que me espanta é a metodologia usada pelos institutos, com um questionário imenso organizado por meio de simulações as mais variadas. As pesquisas são feitas *face-to-face* com as pessoas na via pública. O historiador Marco Antonio Villa teve a paciência de contabilizar as indagações das várias simulações de um instituto de pesquisa e verificou que os desdobramentos do questionário somavam perto de 70 quesitos (ali com o entrevistado em pé na rua) e calculou que esse tipo de pesquisa, para ter confiabilidade, tem de durar quase uma hora.

A estatística é uma técnica (ou seria uma ciência?) de probabilidades – ela deve apontar tendências e não ser tendenciosa. Os institutos de pesquisa do mundo inteiro erram e acertam, porque a estatística é uma ciência inexata, mas é inquestionável que há muita manipulação – vejam o exemplo da eleição de Donald Trump: os institutos de pesquisa dos EUA erraram feio. E no mundo contemporâneo há um fator complicador: as redes sociais – que Trump e seus assessores souberam explorar muito bem. Parece que os institutos americanos negligenciaram a força das redes sociais.

A estatística é um ramo da matemática, que expressa as informações em números e vejam o que o filósofo e matemático inglês Bertrand Russell disse a respeito da matemática: "É uma ciência onde nunca se sabe exatamente do que se está falando, nem se o que estamos dizendo é verdade." Para Disraeli (compatriota de Russell), existem as grandes mentiras, as pequenas mentiras e as estatísticas.

As estatísticas ajudam, é claro, o diabo é ficar do lado errado das estatísticas.

Para concluir, essa trilogia sobre estatística, uma frase de impacto e de humor: "As estatísticas provam que a mulheres vivem mais do que os homens, principalmente as viúvas" (Wladimir Bernardes).

22

OS LOUCOS MANSOS DE MACHADO DE ASSIS

Os termos literatura e medicina não são incompatíveis, muito pelo contrário. Existe um axioma que diz: "Em medicina não existem doenças, mas sim doentes." Inspirado nesse axioma, o psiquiatra Paulo Fraletti cunhou a seguinte frase: "A semiologia e a psicopatologia nos ensinam as doenças, as obras literárias os doentes." Efetivamente, grandes poetas, dramaturgos e literatos descreveram – e descrevem – com perfeição certos transtornos e, às vezes, até antecipam descobertas médicas. Shakespeare, Cervantes, Flaubert, Kafka, Dostoiévski, Tolstói e tantos outros descreveram com muita acurácia personagens portadores de transtornos variados. Em nosso meio, Machado de Assis abordou com maestria [e porque não dizer, com um toque de genialidade] o tema em vários escritos (contos e romances). Vou analisar alguns desses escritos em que Machado descreve personagens insanos.

ANJO RAFAEL

Nesse conto, publicado no Jornal das Famílias, em 1869, Machado antecipa a descrição de um transtorno mental, que ele denomina de monomania celestial. A narrativa descreve a vida de um homem que se acredita ser o próprio anjo Rafael, que foi enviado por Deus à Terra. O major Tomás morava numa chácara na Tijuca (Rio de Janeiro) num casarão isolado do resto do mundo com a filha Celestina, desde a infância. A filha não mantinha nenhum contato com o mundo exterior e quando ela tinha 15 anos, e um pouco antes de morrer, o major decide casar a filha. Lembra-se do filho de um amigo, o médico Antero da Silva – manda um serviçal buscá-lo e oferece a ele a sua fortuna e sua filha em casamento. O dr. Antero fica perplexo com a proposta e argumenta que ele nem sequer conhece a filha do major. Entretanto, no dia seguinte, ao conhecer a linda e meiga Celestina, ele ficou tentado a aceitar a oferta do major [afinal com a linda jovem, vinha o prêmio: a fortuna]. Esta viria em boa hora, ele estava arruinado, cheio de dívidas, e à beira do suicídio. Mas, ele ainda hesitava – pelo comportamento do major que se considerava um anjo e pela crença da jovem Celestina na angelitude do pai. Porém, após alguns dias na chácara uma criada da casa alertou o doutor sobre a esquisitices do major e rogou a ele para salvar a filha. Pouco tempo depois, morre o major, o casamento com a jovem se consuma e o casal deixa o casarão e vai morar no Rio de Janeiro. Alguns meses depois, Celestina abandona a crença da angelitude do pai e volta à completa normalidade.

Em 2011, dois psiquiatras da USP: Daniel Martins de Barros & Geraldo Busato Filho afirmaram, numa publicação no British Journal of Pychiatry: *First fictional report of folie à deux*, que o conto de Machado de Assis antecipou em 18 anos a descrição de um transtorno psíquico denominado *Folie à deux* (literalmente, "Loucura a dois") feita por dois psiquiatras franceses (Falret &Laségue), em 1887. Esse tipo de transtorno, denominado também de psicose induzida, ocorre, geralmente, em mulheres confinadas e tem como características: 1) aparecimento de sintomas psicóticos similares em membros da família enquanto vivendo juntos; 2) sintomas psicóticos em duas pessoas em estreita associação; 3) "transmissão" de sintomas psicóticos de uma pessoa doente para uma ou mais pessoas saudáveis; 4) reversão do quadro psicótico, na ou nas pessoas conviventes, algum tempo depois de deixar a órbita do psicótico responsável pelo "contágio".

QUINCAS BORBA

Romance publicado em 1891, tem como protagonista Pedro Rubião de Alvarenga, ex-professor primário, que se torna, em

Barbacena, enfermeiro e discípulo do filósofo Quincas Borba, que falece no Rio de Janeiro na casa de Brás Cubas. Rubião é feito herdeiro universal do filósofo e, por assim dizer, herda a fortuna, o cachorro – cujo nome é Quincas Borba – a filosofia (O Humanitismo) e a loucura do mestre. Rubião é um ingênuo que vai viver no Rio de Janeiro e na corte é envolvido por uma casal inescrupuloso (Palha e Sofia). Apaixona-se por Sofia, que espertamente, e estimulada pelo marido, alimenta um "amor platônico". Gradualmente, ele vai mergulhando num processo de loucura e, agora, sem juízo e sem fortuna, é abandonado pelos "amigos". Rubião acredita-se Napoleão III e morre em Barbacena, em pleno delírio de grandeza (paranoia), acompanhado do seu cão Quincas Borba e repetindo a frase do Humanitismo: "Ao vencedor, as batatas".

A loucura foi uma saída para Rubião e, certamente, ele morreu mais feliz do que se tivesse mantido a lucidez. Embora lamentável, a loucura de Rubião não é propriamente trágica. Está mais para o grotesco.

O ALIENISTA

No conto, O alienista [ou novela, pela extensão do conto], o médico Simão Bacamarte tenta traçar as fronteiras entre a razão e a loucura. Na verdade, o conto é uma fábula.

"As crônicas da vila de Itaguaí dizem que em tempos remotos vivera ali um certo médico, o dr. Simão Bacamarte, filho da nobreza da terra e o maior dos médicos do Brasil, de Portugal e das Espanhas. Estudara em Coimbra e Pádua. Aos 34 anos regressou ao Brasil, não podendo el-rei alcançar dele que ficasse em Coimbra, regendo a universidade, ou em Lisboa, expedindo os negócios da monarquia.

— A ciência, disse ele a Sua Majestade, é o meu emprego único; Itaguaí é o meu universo".

Dito isso, ele instalou-se na Casa Verde em Itaguaí e entregou-se de corpo e alma ao estudo da loucura. Primeiro interna os " inconvenientes" (todos os que ele acreditava loucos): os mentirosos, os vaidosos, os politicamente volúveis, os intrigantes... A princípio, a população recebe bem a atuação do médico. Depois de algum tempo, ele muda de comportamento e libera os "inconvenientes" que segundo seus estudos não são loucos e passa a reconhecer "como normal e exemplar o desequilíbrio das faculdades, e como hipóteses patológicas todos os casos em que o equilíbro fosse ininterrupto". Daí começa a internar os modestos, os tolerantes, os verídicos, os leais, os sinceros, os imparciais... A terapêutica para esse "tipo de loucura" eram procedimentos no sentido de anular as virtudes de seus pacientes, o que consegue com certa facilidade. Declara-os curados e libera todos, e reconhecendo-se como o único louco irremediável, tranca-se na Casa Verde, onde morre alguns meses depois.

Machado constrói uma caricatura da ciência na psiquiatria do doutor Simão Bacamarte, que converte, segundo Benedito Nunes, a razão da loucura, na loucura da razão. Penso que o gênio de Machado vislumbrou *avant la lettre* o poder médico (o médico ordena e o cidadão obedece); a "medicalização da sociedade" (os problemas são sempre médicos, qualquer que seja sua natureza) e o cientismo (a ciência é a única depositária da verdade). Para boa parte da crítica literária, O alienista fala de loucura para satirizar o positivismo (o modismo filosófico da época de Machado). Alguns querem ver nesse conto um embrião da antipsiquiatria, corrente que apareceu na segunda metade do século XX na Inglaterra, com o psiquiatra e filósofo Ronald Laing. Outros querem ver uma paródia de Dom Quixote.

Enfim, como afirma Merquior, "no velho prisma clássico do 'desconcerto do mundo', Machado vê principalmente o triunfo da insensatez sobre a razão, a revelação da arbitrariedade das normas sociais e, com essa, da escassez e fragilidade da virtude. Bacamarte é grotescamente vencido pela realidade, porque, perseguindo a loucura, identificou-a com a constelação dos vícios humanos: do ponto de vista moral, a humanidade é incurável".

DOM CASMURRO

Esse romance foi publicado em 1900 e o autor-personagem, Bento Santiago (o Bentinho) – narra uma história de amor com final trágico. Bentinho, um atormentado, procura exorcizar seus demônios, relatando a sua versão da traição de sua mulher Capitu com o seu melhor amigo Escobar. Escobar foi colega de seminário de Bentinho. Capitu e Bentinho eram vizinhos e começaram a namorar na adolescência. Casaram e eram íntimos do casal Escobar-Sancha. Uma noite, após o jantar, Bentinho e Sancha conversam à janela, trocam olhares quentes e apertos de mão afetuosos; há um clima de forte apelo erótico na despedida de ambos. Na manhã seguinte Escobar morre num afogamento tomando banho de mar. Bentinho acha comprometedor o olhar de Capitu dirigido ao morto e seu ar compungido no velório e, a partir daí, nasce a desconfiança sobre a fidelidade da esposa. Eles têm um filho, cujo nome é Ezequiel em homenagem ao amigo [que se chamava Ezequiel de Souza Escobar]. Bento passa a ver no filho Ezequiel a feições de Escobar. Ele pensa em suicídio ou em matar o filho. Mas acaba desistindo dessas ideias, e ensandecido pelo ciúme, ele expulsa a esposa de casa e não reconhece o filho – indo ambos morar na Europa. No entardecer da vida, após a morte de Capitu e depois do filho, Bentinho decide atar as duas pontas da vida. Ele se torna um ser taciturno e atormentado.

Penso que Machado quis plantar na cabeça do leitor um enigma. O enigma da Capitu. Uma das maiores personagens femininas da literatura mundial, ela rouba a cena – e alguns se referem ao livro como o romance da Capitu.

Quero finalizar este texto fazendo uma longa citação de Gilberto de Mello Kujawski: "Afinal, Capitu traiu ou não o marido? Não passa pela cabeça das pessoas que o autor de Dom Casmurro quis divertir-se com os contemporâneos e os pósteros forjando um quebra-cabeças sem solução lógica. O romancista concebeu um cálculo de soma zero, no qual juízos pró e contra se neutralizam e se anulam. Têm sólidos argumentos tanto os que apostam na traição como os que defendem a inocência de Capitu. Conclusão: se todos têm razão, ninguém tem razão, ou melhor trata-se de um falso enigma, arquitetado como um labirinto, para se andar em círculos e voltar sempre ao mesmo lugar" (Machado de Assis por dentro. Migalhas, Ribeirão Preto, 2011).

23

A UM BRUXO, COM AMOR

CARLOS DRUMMOND DE ANDRADE

Em certa casa da Rua Cosme Velho
(que se abre no vazio)
venho visitar-te; e me recebes
na sala trastejada com simplicidade
onde pensamentos idos e vividos
perdem o amarelo,
de novo interrogando o céu e a noite.

Outros leram da vida um capítulo, tu leste o livro inteiro.
Daí esse cansaço nos gestos e, filtrada,
uma luz que não vem de parte alguma
pois todos os castiçais
estão apagados.

Contas a meia-voz
maneiras de amar e de compor os ministérios
e deitá-los abaixo, entre malinas
e bruxelas.
Conheces a fundo a geologia moral dos Lobo Neves
e essa espécie de olhos derramados
que não foram feitos para ciumentos.

E ficas mirando o ratinho meio cadáver
com a polida, minuciosa curiosidade
de quem saboreia por tabela
o prazer de Fortunato, vivisseccionista amador.
Olhas para a guerra, o muro, a facada
como para uma simples quebra da monotonia universal
e tens no rosto antigo
uma expressão a que não acho nome certo
(das sensações do mundo a mais sutil):
volúpia do aborrecimento?
ou, grande lascivo, do nada?

O vento que rola do Silvestre, leva o diálogo,
e o mesmo som do relógio, lento, igual e seco,
tal um pigarro que parece vir do tempo da Stoltz e do gabinete
Paraná, mostra que os homens morreram.
A terra está nua deles.
Contudo, em longe recanto,
a ramagem começa a sussurrar alguma coisa
que não se entende logo
e parece a canção das manhãs novas.
Bem a distingo, ronda clara:
é Flora,
com os olhos dotados de um mover particular
entre mavioso e pensativo;
Marcela, a rir com expressão cândida (e outra coisa);
Virgília,
cujos olhos dão a sensação singular de luz úmida;
Mariana, que os tem redondos e namorados;
e Sancha, de olhos intimidativos;
e os grandes de Capitu, abertos como a vaga do mar lá fora,
o mar que fala a mesma linguagem
obscura e nova de D. Severina

e das chinelinhas de alcova de Conceição.
A todas decifraste íris e braços
e delas disseste a razão última e refolhada
moça, flor mulher flor
canção de manhã nova...
e ao pé dessa música dissimulas (ou insinuas, quem sabe)
o turvo grunhir dos porcos, troça concentrada e filosófica
entre loucos que riem de ser loucos
e os que vão à rua da Misericórdia e não a encontram.
O eflúvio da manhã,
quem o pede ao crepúsculo da tarde?
Uma presença, o clarineta,
vai pé ante pé procurar o remédio,
mas haverá remédio para existir
senão existir?
E, para os dias mais ásperos, além
da cocaína moral dos bons livros?
Que crime cometemos além de viver
e porventura o de amar
não se sabe a quem, mas amar?

Todos os cemitérios se parecem,
e não pousas em nenhum deles, mas onde a dúvida
apalpa o mármore da verdade, a descobrir
a fenda necessária;
onde o diabo joga dama com o destino,
estás sempre aí, bruxo alusivo e zombeteiro,
que revolve em mim tantos enigmas.

Um som remoto e brando
rompe em meio a embriões e ruínas,
eternas exéquias e aleluias eternas,
e chega ao despistamento de teu pencenê.

O estribeiro Oblivion
bate à porta e chama ao espetáculo
promovido para divertir o planeta Saturno.
Dás volta à chave,
envolves-te na capa,
e qual o novo Ariel, sem mais resposta,
sai pela janela, dissolves-te no ar.

A um bruxo, com amor – é um canto de celebração a Machado de Assis. De modo carinhoso e cerebral, Carlos Drummond de Andrade, vai colocando nos seus versos passagens e personagens dos contos, romances, crônicas e poesias do bruxo.

24

MACHADO DE ASSIS NÃO É UM ARQUIPÉLAGO, MACHADO DE ASSIS É UM CONTINENTE

Joaquim Maria Machado de Assis nasceu em 1839, no Morro do Livramento (Rio de Janeiro), na quinta da viúva do Brigadeiro Bento Barroso, ministro e senador do Império. Teve uma infância muito pobre. Seu pai, Francisco de Assis era filho de pais alforriados e simples pintor de paredes e a mãe, era uma lavadeira açoriana. Sua mãe morreu muito cedo, porém a sua madrasta, uma negra chamada Maria Inês, criou o menino com extremo carinho e, inclusive, contribuiu para a sua alfabetização. Entretanto, a morte de Francisco de Assis obrigou a madrasta a se empregar como doceira num colégio de São Cristovão e o pequeno Machado ia de porta em porta vender doces. Como eram muito pobres, na sua adolescência ele trabalhava como coroinha na igreja da Lampadosa. Ainda muito jovem frequenta a livraria e tipografia de Paula Brito, que publicava uma revista "A Marmota Fluminense", e aí faz sua estreia como poeta. Logo a seguir é admitido como aprendiz de tipógrafo na Imprensa Nacional. Já como revisor volta à loja de Paula Brito e começa a se relacionar com o *grand monde* literário da época: Gonçalves Dias, Manuel de Antônio de Almeida, Casimiro de Abreu, José de Alencar... Começa a trabalhar em jornal, a convite de Quintino Bocaiúva, fazendo resenhas dos debates no Senado e exercendo a crítica teatral. E por aí começa a deslanchar a carreira do escritor Machado de Assis.

Machado de Assis, mulato, pobre, epiléptico e meio gago foi jornalista, folhetinista, teatrólogo, crítico literário, tradutor, cronista, ensaísta, poeta, contista e romancista, além de tipógrafo revisor e funcionário público. Tinha tudo para dar errado e deu certo. Aos 30 anos casou-se com a portuguesa Carolina – irmã do poeta português Faustino Xavier de Novais. Segundo Guilherme Merquior, mais velha do que o marido Carolina – cultivada e sensível – contribuiu para orientar-lhe às leituras, revelando-lhe os clássicos ingleses e aumentando-lhe a sua familiaridade com os portugueses.

Na sua primeira fase de escritor, Machado escreveu romances convencionais: Ressurreição, A mão e a luva, Iaiá Garcia, Helena, com uma narrativa linear. É a fase do romantismo. Aqui Machado estava temperando a mão para o que viria na segunda fase (pós-romantismo), quando ele adquire a maturidade do grande escritor. O gênio que estava adormecido em Machado começa a despertar e se materializa em muitos contos (em, pelo menos, 50 dos mais de 200 que produziu) e os romances: Memórias Póstumas de Brás Cubas, Quincas Borba, Dom Casmurro, Esaú e Jacó. E ele fecha essa fase fecunda e genial com o romance "Memorial de Aires", publicado em 1908, ano de sua morte.

Embora a linguagem machadiana seja simples, a sua composição é complexa. A narrativa é oblíqua e não raro Machado fala de um por meio dos outros e usa o não dito para sugerir comportamentos. Ele introduz na literatura brasileira a narrativa problematizante; ele não dá nenhum refresco ao leitor, é preciso pensar e repensar o dito e o não dito. O humor, penetrante e cáustico, dá origem ao experimentalismo ficcional de Machado. O seu humor ora é refinado, ora irônico, ora sarcástico, ora demolidor.

Ivan Teixeira diz que "o humor de M.A. desarruma o mundo, põe tudo de cabeça para baixo ou, por outro lado, apenas revela sua essência desarranjada... E continua, contra o humor não há argumentos. Por meio dele, M.A. reescreve a Bíblia, altera a filosofia oriental, corrige a ciência, atribui poder humano às aranhas, faz os mortos falarem, transforma mendigos em reis..." (Apresentação de Machado de Assis. Martins Fontes, São Paulo, 1988).

As ferramentas machadianas são diversas: problematização, intertextualidade, ironia, humor, polifonia, pessimismo, ambiguidade, jogo metafórico, atmosferas, dialogismo, carnavalização.

A literatura de M.A. é extremamente elaborada e a sua concepção depende de artifícios de imaginação e inteligência. Alguém disse do grande Honoré de Balzac que ele elaborou seus textos com a obsessão dos miniaturistas que constroem barcos dentro de garrafas ou pintam paisagens em cabeça de alfinete. Pode-se perfeitamente extrapolar essas habilidades para os textos de M.A. Não há espontaneidade em seus contos e romances. Ele é um experimentalista da ficção e carnavalizou a literatura brasileira. Carnavalização é uma mescla de elementos heterogêneos, tumulto, confusão (é uma teoria literária do pensador e filósofo da linguagem russo Bahktin). O professor de literatura Alfredo Bosi diz que M.A. é um criador de atmosferas.

Embora nunca tenha saído do Estado do Rio de Janeiro, Machado foi um escritor universal.

Veja, à guisa de conclusão, a opinião do crítico literário estadunidense Harold Bloom: "Machado de Assis é uma espécie de milagre. Ele reúne os pré-requisitos da genialidade. Possui exuberância, concisão, e uma visão irônica impar do mundo."

25

CORPOLATRIA

OBSESSÃO COM A APARÊNCIA FÍSICA

O culto do corpo perfeito remonta à Antiguidade e os Jogos Olímpicos – criados pelos gregos – são um exemplo eloquente disso. Nesses jogos, o vigor físico e a perfeição corporal tornaram-se critérios de beleza. Mas também houve épocas da história da humanidade em que o corpo era satanizado – os costumes eram rígidos e, particularmente, as mulheres, deviam cobrir com pesadas roupas os seus atributos físicos.

Entretanto, no mundo contemporâneo nós vivemos na era da corpolatria – que é uma tipo de culto exagerado ao corpo. É uma espécie de "patologia" da modernidade. É o cuidado extremo, não exatamente no sentido da saúde, mas traduz uma tendência narcisista visando o embelezamento do corpo a qualquer custo.

Essa tendência à cultura do corpo gerou uma indústria do embelezamento no mundo inteiro, com forte apelo mercadológico. Existe mesmo a chamada *body art* (arte do corpo ou arte no corpo), que é o uso do próprio corpo como suporte para expressão artística: tatuagens, *piercings* (na região supraorbitária, nas orelhas, no nariz, na língua, no umbigo e até na genitália). Algumas pessoas, mais ousadas, chegam a fazer tatuagem até na conjuntiva ocular. Também os badulaques mais antigos (brincos, pulseiras, colares, anéis, tiaras) fazem parte do repertório da arte no corpo. Já civilizações primitivas tinham (e algumas, como tribos indígenas, ainda mantêm) o hábito de pintar o corpo, colocar pequenos ossos de animais no nariz e orelhas, esticar o lábio inferior (um exemplo era o cacique Raoni que usava um batoque imenso no lábio inferior – nos anos 1980 ele correu o mundo, sob o patrocínio do cantor inglês Sting).

No século XXI, a cosmetologia avançou de modo exponencial e muitos procedimentos foram introduzidos na área de aperfeiçoar o corpo: preenchimentos com várias substâncias (ácido hialurônico, colágeno...) infiltração com toxina botulínica (Botox®; Dysport®) para tratamentos de rugas, lipoaspiração para o abdome e culotes e cirurgias plásticas estéticas para corrigir um nariz que não é do agrado da proprietária, ou implante de próteses nas mamas pequenas ou redução de mamas volumosas. Implantes capilares, bronzeamento artificial e tintura nos cabelos – as mais bizarras possíveis (cabelos azuis, vermelhos, verdes, amarelos...). Também os cortes de cabelo muitas vezes transformam as pessoas em figuras ridículas.

Nas academias, os jovens procuram por meio de exercícios de fortalecimento muscular e também de energéticos e anabolizantes ganhar uma musculatura de "Hercules".

Existe uma verdadeira corrida em busca da beleza e da eterna juventude – muito incentivada pelas mídias, pelos apelos publicitários e pelas redes sociais – em que tudo é válido: dietas bizarras, uso de drogas deletérias à saúde, cirurgias mal indicadas, procedimentos de risco.

As mídias eletrônicas – internet/redes sociais – veiculam mensagens que a beleza sinaliza inteligência e que naturalmente essas pessoas têm mais chance de se incluir no mercado de trabalho. Esse tipo de afirmação é totalmente inverossímil e estupra a ética e a lei – hoje anunciar num veículo de comunicação o recrutamento de uma secretária de boa aparência é crime. Além do que, só a imagem (aparência física) não se sustenta, é fundamental o conteúdo.

Muitas pessoas enxergam o próprio corpo como seu maior bem, como um projeto de vida a ser aperfeiçoado sempre. É claro que há profissões em que a aparência física é fundamental – é o caso da *top model*, por exemplo.

Entretanto essa "arte do corpo", que se tornou rotineira no século XXI, me parece uma "arte" de mau gosto (*kitsch*). Na minha ótica, nada mais feio do que o corpo de um homem ou de uma mulher coberto de tatuagens; nada mais exótico do que um homem com corte de cabelo ao estilo moicano; nada mais bizarro do que uma senhora de meia-idade com cabelos azuis.

Tem também o "Narciso" que malha diariamente na academia, ingere anabolizantes e desfila nos shoppings e vias públicas – até nos dias frios – com camiseta-regata para exibir seus exuberantes bíceps.

Muitos procedimentos para o "embelezamento" do corpo são invasivos, mas nada mais radical do que o comportamento de uma seita de adoradores de serpentes nos Estados Unidos: eles se submetem a uma cirurgia para tornar a língua bífida como de um réptil.

Enfim, dar um trato no corpo não é nenhuma heresia – uma jovem que apresenta um nariz adunco pode ser profundamente infeliz, mas depois de corrigir a morfologia, ela pode recuperar a autoestima e ser uma pessoa feliz.

O espelho é a principal ferramenta para aqueles(as) que buscam incessantemente a beleza corporal. E, certamente, no monólogo do espelho, ele ouve com frequência: – *Espelho... Espelho meu! Existe alguém mais bonita(o) do que eu?* Eu acho que o espelho, além de mostrar reflexos, deveria despertar reflexões.

26

A MATEMÁTICA REVISITADA

Toutes choses sont dites déjà; mais comme personne n'écoute il faut toujours recommencer. Esse postulado gideano serve aos propósitos deste texto. Efetivamente, eu vou recuperar aqui [com algumas modificações] um texto meu publicado no livro "As Lembranças que não se apagam" (Atheneu, São Paulo, 2009).

    Nunca tive uma relação muito amistosa com a matemática. Lembro-me bem, nos meus tempos de menino, quando era chamado ao quadro negro eu me enrolava todo com as quatro operações fundamentais. Mais tarde, no curso colegial, eu topei com a física – uma espécie de matemática aplicada – e a minha *via-crúcis* continuou. Finalmente quando ingressei no curso de medicina eu respirei aliviado: havia me livrado da matemática. Ledo engano. A matemática permeia todas as áreas do conhecimento. Ela se intromete em tudo e como um "processo neoplásico" se infiltra em todas as ciências e técnicas. Hoje, eu coexisto com a matemática, mas não consigo conviver, porque para conviver é preciso ter uma intimidade de alcova com ela.

    A matemática é uma ciência que investiga as relações entre entidades definidas abstrata e logicamente. Armados de definições, postulados e axiomas, os matemáticos tentam reproduzir o mundo nas suas equações e teoremas. É o mundo matematizado da civilização, da ciência e da técnica. Estamos vivendo na era digital (Revolução 4.0), onde a Inteligência Artificial (IA) tenta decodificar o pensamento humano e recodificá-lo na máquina. O grande desafio dos especialistas da IA, subsidiados pela ciência da computação, informática, neurociência, psicologia cognitiva, matemática, linguística, é construir a *Machina sapiens*, fazendo o *upload* do cérebro biológico para o corpo de um robô. Se isso se materializar, uma nova espécie substituirá o *Homo sapiens* ou conviverá com ele. Será a era pós-humana? Entretanto alguns pensadores e cientistas encaram a IA apenas como uma técnica e não como uma área geradora de conhecimento. A IA parece ter como prato de resistência algoritmos inteligentes (AI). Embora eu acredite que a IA poderá ultrapassar a inteligência humana, ela jamais será dotada de estados subjetivos (*qualia*, em latim). A *Machina sapiens* será super-inteligente, mas será carente de "estados de alma". Será, enfim, um robô inteligente. Mas, o leitor há de perguntar: "O que isso tem a ver com a matemática?". Eu diria: tudo. A máquina, com seu "rígido raciocínio binário" compondo um conjunto de algoritmos, lida com números o tempo todo numa velocidade extraordinária. Contudo, se ela é capaz de fazer cálculos rápidos e inteligentes, por outro lado ela é destituída de estados de alma ou *qualia*. É impensável um amor de mãe numa máquina – aquele pensamento abstrato que emerge do fundo do ser humano é vivenciado, porém nem sempre é verbalizável. Eu costumo afirmar que a linguagem gráfica fica aquém de nossa linguagem verbal, e esta fica aquém de nossa linguagem mental. Embora estejamos vivendo na era digital, a manipulação de números e signos é uma espécie de camisa de força e não explica o pensamento abstrato (estados subjetivos, estados de alma). Se um supermatemático pudesse decodificar o pensamento de Hamlet e reproduzi-lo matematicamente em símbolos, ele jamais conseguiria captar as emoções e sentimentos do personagem shakespeariano. Eu diria que com a ferramenta da matemática pura é impossível penetrar nessa caixa preta, que é a nossa mente conceitual e emocional.

Nós podemos obter conhecimento por meio de dois tipos de raciocínio: o *a priori* e o empírico. Ao lidarmos com o mundo ou com nós mesmos, assimilamos conhecimento por meio da percepção sensorial ou da introspecção. É o conhecimento empírico. O simples ato de pensar representa o conhecimento *a priori*. O raciocínio lógico-matemático nos ensina que 8+5 = 13 e nos dispensa de colocar oito laranjas ao lado de cinco para então somarmos o número total. Esse nos é dado pelo simples ato de pensar.

Para concluir, eu quero dizer que a vingança é um prato que se come frio. Eu passei a vida sendo humilhado pela matemática, o que repercutiu na minha autoestima, mas estudando filosofia da ciência eu tomei conhecimento dos teoremas da incompletude do grande matemático austríaco Kurt Gödel. De acordo com Gödel, um sistema formalizado complexo (axiomatizado) não pode ser validado por si mesmo. Certas proposições são indecidíveis, isso significa que um sistema lógico, de certa complexidade, não consegue escapar de suas contradições ocultas. Aqui nos deparamos com o problema da autoreferência, cujo exemplo emblemático é o "paradoxo cretense". Conta-se que o cretense Epimênides certa ocasião afirmou: "Todos os cretenses são mentirosos", e criou um problema aparentemente insolúvel. Esse impasse pode ocorrer nos paradoxos que dependem do uso de conceitos cujo âmbito de referência inclui o próprio conceito. Nesse modelo cretense, a simples colocação – "O que eu estou afirmando não é verdade" – gera uma contradição: se a afirmativa é verdadeira, está demonstrada que é falsa; se é falsa, devemos entender que contém uma verdade". Ih! Gödel aprontou uma confusão dos diabos.

A matemática, no campo da lógica, não consegue desatar esse nó. Ufa, em parte, estou redimido!

27

OPOSIÇÃO É PRECISO

Benjamin Disraeli, grande primeiro ministro britânico, à época da rainha Vitória, já tinha percebido a importância da oposição: "Governo algum pode estar seguro por muito tempo sem uma formidável oposição". É claro que ele se referia a governos democráticos, porque governos totalitários podem permanecer no poder por longos períodos. São ilustrativos os casos do comunismo soviético, do nazismo na Alemanha, do fascismo na Itália, do franquismo na Espanha e de Salazar em Portugal. No mundo contemporâneo convivemos com a ditadura cubana e nortecoreana e com o exótico comunismo chinês. Aliás o comunismo, o nazismo e o fascismo têm muito em comum. Diz-se, com uma conotação jocosa, que nos países totalitários quando chutam o seu traseiro você tem que aplaudir, nas democracias você pode protestar.

Nos países autoritários, ou não existe oposição política ou ela é tolerada, quando "bem comportada". Quando "mal comportada", os seus membros podem acabar nas masmorras ou ser eliminados fisicamente. Nesses países há o chamado "delito de opinião", o que vale dizer não há liberdade de expressão. Aqui é pertinente a locução latina: *Roma locuta, causa finita.*

Os pilares da democracia são instituições fortes – muitos países, politicamente desenvolvidos, seguem uma constituição baseada no Espírito das Leis de Montesquieu. Segundo esse político, filósofo e escritor francês os poderes do Estado devem ter como substrato três instâncias: Executivo, Legislativo e Judiciário – que devem ser soberanas e independentes. Os partidos políticos, sejam do Governo ou da Oposição devem atuar dentro dos preceitos constitucionais e o Judiciário deve ser o guardião da Constituição. O Parlamento deve legislar e o Executivo deve administrar a máquina estatal em benefício da sociedade.

A oposição deve estar permanentemente vigilante e deve fazer uma oposição civilizada, fiscalizadora e propositiva. Mas a oposição não se exerce apenas no Parlamento por meio dos partidos políticos, mas também ela pode ser exercida nos meios de comunicação, nas universidades e nas ruas por meio de manifestações, protestos e reivindicações. Diz-se até, com uma ponta de verdade, que os estudantes, o humor e os meios de comunicação não devem ser chapa branca, mas sim estar vigilantes na oposição. Nem sempre isso ocorre dentro dos limites da ética e do império das leis. Muitas vezes as manifestações são promovidas ou infiltradas por baderneiros e acabam em violência de ambos os lados: dos manifestantes e das forças mantenedoras da ordem. Há também uma forte partidarização dos sindicatos e mesmo de diretórios estudantis; em nosso meio essas entidades têm todas um viés esquerdista. A União Nacional dos Estudantes (UNE) foi praticamente "estatizada" nos governos Lula-Dilma e, pasmem é um feudo até hoje (que horror!) do PCdoB.

O papel dos meios de comunicação é fundamental nas democracias modernas. Segundo alguns é uma espécie de voz de Deus, segundo outros é o 4º poder. As mídias têm hoje uma função muito abrangente por meio de uma atuação informativa, investigativa e opinativa. Ela deve ser pluralista, ao contrário dos países totalitários e de partido único que têm uma mídia oficial – generosa em elogios aos atos do governo. Inclusive nos países comunistas (China, Coreia do Norte, Cuba) há um bloqueio dos meios de comunicação eletrônicos, a fim de não contaminar a felicidade dos povos que habitam esses paraísos edênicos. Nos países democráticos também há veículos de comunicação (mídia impressa, televisiva) que apoiam determinados partidos (são emblemáticos os casos do The New York Times que apoia o Partido Democrata nos Estados Unidos; O Le Monde apoia os partidos de esquerda, enquanto o Le Fígaro os partidos conservadores na França). Entretanto, nesses países, assim como no Brasil, os meios de comunicação são diversificados e cabe ao usuário (leitor, espectador, internauta) fazer uma leitura crítica do que está acontecendo no mundo. O leitor bem educado e culto, dificilmente, se deixa manipular pelos meios de comunicação.

O advogado, político e celebrado gastrônomo francês Brillat-Savarin escreveu no século XVIII, um livro com o título "Fisiologia do Gosto". Hoje, inspirado nos políticos, poderia inverter o título "O Gosto pela Fisiologia".

Darcy Ribeiro no seu livro "Trancos e Barrancos", a propósito de um coronelão pernambucano, considera: "O governo mudou, mas eu não mudo. Fico com o governo".

Lamentavelmente, em nosso país fazer oposição depende de conveniências. Muitos políticos estão metalizados, principalmente, os do baixo clero e na hora de dificuldades do Executivo nada melhor do que uma chantagem – colocar dificuldades para obter facilidades. Infelizmente, esse é o país que temos, não o que queremos.

28

A IDEOLOGIZAÇÃO DA LINGUAGEM

Vou começar este texto fazendo um *flash-back* para analisar brevemente o livro de George Orwell: 1984. Esse romance distópico foi lançado em 1949 e Orwell começa narrando que depois da guerra atômica o mundo foi dividido em três Estados, e que a Oceania, com capital em Londres, era o maior Estado. O livro trata fundamentalmente do totalitarismo, num Estado com partido único. Adivinhem de que Estado ele estava falando... Bingo!, para quem pensou "comunista". O partido tem total controle sobre todos os cidadãos e Orwell descreve a sociedade da Oceania dividida em três classes distintas: o Partido Interno, o Partido Externo e a Prole. A Prole constitui 85% da população, que recebe pouca educação e o trabalho é pouco qualificado (é praticamente braçal). Os membros da Prole vivem na pobreza, embora gozem de privacidade e anonimato [o que não acontece com os membros do Partido Externo] e, geralmente, morrem aos 60 anos de idade. O *slogan* é claro: proles e animais são livres. Suas funções são simples: trabalho e procriação. Eles são descritos como pouco preocupados sobre qualquer coisa, exceto casa e família, brigas vizinhas, filmes, futebol, cerveja, bilhetes de loteria e outras formas de pão e circo. Não são obrigados a prestar apoio ao Partido. Aqueles que se comportam de maneira inconveniente (por exemplo: exercer o direito de liberdade de expressão) são rapidamente detectados pela Polícia do Pensamento e eliminados. Eles mantêm o inglês tradicional, ao contrário dos membros do Partido que usam a novilíngua. A posição deles na sociedade da Oceania é quase de animais domésticos.

Mencionei que todos os cidadãos são vigiados permanentemente (particularmente, os membros do Partido Interno e Externo) com a presença das teletelas – em suas residências e no espaço público – em contrapartida, os quartos dos Proles não têm teletelas, pois o partido não se importa em observá-los. Mas, nas ruas cartazes mostram o rosto do Grande Irmão e advertem: "O Grande Irmão está de olho em você." Se dermos um salto no tempo constatamos que na China comunista (regime totalitário, de partido único) as pessoas são monitoradas o tempo todo no espaço público (nas ruas, nos shoppings, nas estações de metrô...).

A novilíngua ou novafala é um idioma fictício criado pelo governo hiperautoritário na obra literária de George Orwell. A novilíngua é desenvolvida não pela criação de novas palavras, mas pela "condensação" e "remoção" delas ou de alguns de seus sentidos, com o objetivo de restringir o escopo do pensamento. A linguagem e o pensamento convivem dentro de uma relação dialética: a linguagem influi no pensamento, e o pensamento influi na linguagem. Uma vez que as pessoas não pudessem se referir a algo, isso passa a não existir. Assim, por meio do controle sobre a linguagem, o governo seria capaz de controlar o pensamento das pessoas, impedindo que ideias indesejáveis viessem a surgir. Uma das características da novilíngua é reduzir seus termos, ao contrário de outras línguas, onde cada vez mais são anexadas novas palavras e conceitos. Retira termos como sinônimos e antônimos. Exemplos: bom – desbom (retira mau); plusbom (retira ótimo); crimideia (crime ideológico). Nessa nova língua a semântica é distorcida com o propósito de criar torpor e confusão. Isso está expresso no lema do Partido único: Guerra é Paz – Liberdade é Escravidão – Ignorância é Força.

O comunismo soviético contribuiu, e muito, para o enriquecimento da novilíngua. Durante um debate, um adepto do totalitarismo procura desqualificar o seu oponente com rótulos – reacionário, alienado – e não utiliza argumentos estruturados em fatos reais. Uma espécie, assim de, se o fatos não concordam comigo pior para os fatos. Ensina o filósofo Roger Scruton: "A realidade social é maleável. Seu funcionamento depende do modo como é compreendida; e o modo como é compreendida depende do modo como é descrita. Por essa razão, a linguagem é um instrumento importante na política moderna, e muitos dos conflitos políticos de nossa época giram em torno de palavras". A introdução de rótulos foi uma grande sacada para estigmatizar o inimigo interno e justificar a sua expulsão do partido: ele era um revisionista, um desviacionista, um socialista utópico, um fascista social. Aliás, no terror comunista os dissidentes eram confinados em campos de concentração, onde trabalhavam até adoecer ou morrer e a este procedimento os comissários do partido chamavam "reeducação". Na novilíngua, o uso das palavras estupra a realidade do mundo.

No tempo da Guerra Fria (tensão entre as democracias ocidentais e o mundo comunista), até os lemas oficiais dos partidos comunistas embutiam uma conotação beligerante: "Lute pela paz", "Combata pela paz".

Os estados totalitários, particularmente, os comunistas cultivam o hábito de planejamento na economia (planos quinquenais, setenais...) e de estabelecer projetos para os indivíduos. Eles violentam um preceito da economia liberal: a ordem social deve ser espontânea e não planejada por comissários do partido. Aqui eu volto a Roger Scruton: "A novilíngua não apenas impõe um projeto, mas também elimina a linguagem que permite aos seres humanos viver sem um projeto. Na novilíngua, a justiça não diz respeito às relações individuais, mas à 'justiça social', o mesmo tipo de 'justiça' imposto por um projeto que, invariavelmente, implica tratar os indivíduos de forma injusta, privando-os de sua liberdade, de seu lar e de seus bens."

A novilíngua orwelliana, no mundo contemporâneo foi atenuada, mas nem por isso, é menos perigosa, porque ela se infiltra no tecido social com clichês, *slogans* e frases de impacto. As pessoas, que repercutem essa nova língua, nem sempre se dão conta que estão reproduzindo uma linguagem ideológica, muitas vezes pobre de ideias, mas manipuladora. Essa novilíngua está nos meios acadêmicos, no meio artístico, nas mídias... Alguns exemplos de expressões ideologizadas: "É preciso seguir o politicamente correto".

"É preciso seguir uma política de redução de danos"; "Um outro mundo é possível"; "Ações afirmativas"; "Ações proativas"; "É preciso ouvir as bases"; "É necessário consultar o coletivo"; "Vamos ouvir os companheiros" (que substitui os camaradas da ex-União Soviética)... Muitas vezes pelo discurso de nosso interlocutor é possível fazer o diagnóstico de sua preferência política. São expressões carimbadas que fazem parte do jargão esquerdista. Os veiculadores dessa linguagem ou são inocentes úteis, ou intelectuais engajados ou simples militantes amestrados. Na esquerda os rituais linguísticos prosperam.

A suposta imposição da ideologia do "politicamente correto" pode ser caracterizada por uma atitude de censura e cerceamento da liberdade de expressão.

Quando se discute um assunto polêmico, como a identidade de gênero, por exemplo, e você emite uma opinião que não está na camisa de força do "politicamente correto", você é carimbado com o termo "preconceituoso". Preconceito é um vocábulo maldito, com uma conotação altamente pejorativa. O indivíduo preconceituoso é satanizado pelos dicionários e pelos politicamente corretos, recebendo a pecha de intolerante. Eu vou nadar contra a corrente: acho a "arte da tatuagem" de mau gosto. Também não costumo aderir aos modismos e comportamentos aberrantes de uma época. Assim, vou me permitir desfiar alguns "preconceitos": sou contra o pensamento único (muito cultivado pelas esquerdas), o politicamente correto (que não admite o contraditório), o culto exacerbado aos ídolos esportivos e aos cantores *pop*, o abaixo-assinado ideológico, as pesquisas de opinião, o uso aberrante das estatísticas... enfim, a lista é interminável, porque nós vivemos numa sociedade descerebrada e o *non-sense* e os radicalismos imperam. Acho que preconceito [ou pós-conceito] não é um delito de opinião – e este somente é um crime nos países que ainda tem polícia do pensamento [casos da China comunista, Coreia do Norte, Cuba, Venezuela].

Por outro lado, no Brasil as patrulhas ideológicas e a censura dos companheiros andam muitas ativas no século XXI. Assim marchinhas carnavalescas de grande sucesso têm sofrido censura nos desfiles dos blocos: são os casos "olha a cabeleira do Zezé"; "Maria sapatão"; "O teu cabelo não nega mulata". Os Torquemadas da Nova Inquisição censuram tudo que não estiver nas malhas de sua ideologia. A propósito de censura, uma deputada petista, Erika Kokay, quer proibir peças publicitárias que exponham o corpo feminino – com o seguinte argumento, elas estimulam a violência contra a mulher. Millôr Fernandes deve ter se revirado no túmulo: segundo ele, anatomia é uma coisa que os homens também têm, mas que nas mulheres fica muito melhor. Isso que a senhora quer impor, deputada Kokay, é coisa de teocracia e próprio de regimes como o, Irã... Mas como ideologia é uma espécie de religião, é tudo farinha do mesmo saco.

29

IDENTIDADE DE GÊNERO: UM TEMA EXPLOSIVO

Em 1959, quando eu era um jovem médico, tive a oportunidade de acompanhar o caso de um negro adolescente de aproximadamente 15 anos de idade que nasceu com um sexo incerto (hoje, intersexualidade). Ele apresentava, ao exame, uma genitália mista – meio pênis/meio vagina. O adolescente ficou internado durante algumas semanas na 2ª Medicina de Homens, na velha Santa Casa de São Paulo. Era uma antiga enfermaria, no estilo dos hospitais de campanha. Se bem me lembro tinha 32 leitos, dispostos em duas fileiras com um corredor entre eles. Parecia um hospital de quartel e os pacientes não gozavam de privacidade. No seu fenótipo (aparência física) embora prevalecesse as características masculinas, ele apresentava uma leve ginecomastia (mamas), a genitália mista e biópsia – na região pélvica – mostrou a presença de ovário. Entretanto, psicológica e socialmente ele se identificava e se percebia como homem e, compreensivelmente, apresentava transtornos psíquicos importantes. Na época foi definido o diagnóstico de hermafroditismo e nada foi feito pelo adolescente. Eu estou aqui relatando fatos ocorridos numa sociedade e de uma medicina de 48 anos atrás – onde o tema identidade de gênero era praticamente desconhecido. Tratava-se de um caso de intersexualidade e hoje ele, provavelmente, teria direito a tratamento com hormonioterapia, psicoterapia e à cirurgia de redesignação sexual.

A identidade de gênero consiste no modo como a pessoa se identifica com o seu gênero. Em suma, representa como a pessoa se reconhece: homem, mulher, ambos ou nenhum gênero. O travesti, por exemplo, é um homem que se comporta como uma mulher, mas não se identifica com nenhum gênero; é um não gênero. O que determina a identidade de gênero é a maneira como a pessoa se sente e se percebe, assim como a forma que ela quer ser reconhecida pelas outras pessoas.

Existem basicamente três tipos de identidade de gênero: transgêneros, cisgêneros e não binários. O transgênero é a pessoa que se identifica com um gênero diferente daquele que lhe foi atribuído por ocasião do nascimento. É o caso de uma pessoa que nasce com as características masculinas do ponto de vista biológico, mas que se percebe do gênero feminino e vice-versa. A transgeneridade não é uma doença (patologia) e deve ser respeitada e amparada legalmente. Qualquer tentativa de patologização do transgênero pode significar uma violação dos direitos da pessoa. Fere o princípio da autonomia. O transgênero é a pessoa que se identifica com um gênero diferente daquele que lhe foi atribuído no nascimento. Isso se explica porque a identidade de gênero é socialmente construída. Existem até mesmo casos mutáveis durante a vida (por fatores psicológicos e sociais) de identidade de gênero. Já o cisgênero se identifica com o seu gênero de nascença. Assim se a pessoa nasce com características biológicas típicas do sexo masculino e se percebe como tal, trata-se de um homem cisgênero. Pode também ser uma mulher cisgênero.

Os não binários não exercem os papéis sociais e psicológicos que são atribuídos aos gêneros – de sorte que se trata de uma terceira identidade, que foge do padrão homem-mulher.

Os transexuais, a respeito do foi relatado sobre o adolescente no início desse texto, devem ter assegurado o direito ao tratamento, se eles assim o desejarem, no sentido de se perceberem mais confortáveis com o seu fenótipo. Isso implica em procedimentos como hormonioterapia, psicoterapia e até mesmo cirurgia para redesignação sexual. Mas tem também o transexual que, geralmente, não está confortável com o seu corpo e quer "corrigir" isso por meio do uso de roupas, corte de cabelo, linguagem gestual...

De acordo com as ciências sociais e a psicologia, o gênero é entendido como aquilo que diferencia as pessoas social e psicologicamente. Durante milênios a noção de família foi se cristalizando na sociedade como a união entre um homem e uma mulher e sua prole, o que vale dizer até há pouco tempo eram reconhecidos dois gêneros: o masculino e o feminino. Entretanto, as sociedades são dinâmicas e os costumes podem mudar. Hoje a identidade de gênero vem sofrendo transformações e não mais se confunde com a orientação sexual. Uma pessoa pode incorporar um gênero que nada tem a ver com a sua orientação sexual. Por exemplo, um cisgênero homem pode apresentar um comportamento sexual diversificado: heterossexual, homossexual, bissexual, assexual; o mesmo pode ocorrer com a mulher cisgênero que se identifica com o seu gênero de nascimento, mas pode ter uma orientação sexual diversificada: heterossexual, lésbica, bissexual... A não conformidade entre sexo biológico e gênero ainda é vista como uma patologia – sem nenhum outro fundamento psicopatológico.

Mas se os comportamentos sociais e psicológicos mudam, o amparo legal a essas mudanças nem sempre caminham, com a mesma agilidade, na mesma direção. Mas é necessário também políticas públicas que contemplem essa questão. A própria sociedade, na sua maior parte, reluta em aceitar mudanças numa área que considera uma espécie de "cláusula pétrea". Hoje, a heteronormatividade é questionada e ela deve ser desconstruída na sociedade brasileira, onde tem raízes profundas. Na minha opinião essas mudanças são irreversíveis e tentar bloqueá-las fere o princípio da autonomia das pessoas. E é inútil – como enxugar gelo. Entretanto, essas mudanças devem ser feitas de maneira gradual e com muita educação para que as novas gerações possam assimilá-las sem dor.

Todos nós, que respeitamos o direito da pessoa, temos que aprender a conviver com o diferente. Entretanto existe um fator complicador quando se trata de identidade de gênero – tema polêmico e altamente explosivo – é a ideologização do problema imposta pelas correntes políticas de esquerda. Vejam o que diz o jornalista Luciano Trigo (Guerra das Narrativa. GloboLivros, Rio de Janeiro, 2018): "Coisa muito diferente de defender o direito à diferença é apoiar um experimento de reengenharia psicossocial coletivo. No qual as crianças sejam ensinadas e/ou estimuladas a 'explorar' diferentes identidades de gênero antes mesmo de atingir a puberdade, para só então decidir o que vão ser, como se escolher o próprio gênero fosse algo tão simples quanto escolher uma peça de roupa". Uma sociedade que procura manipular mentes infantis para atender sua agenda ideológica é uma sociedade doente.

30

A LUTA CONTRA O TEMPO

Vivemos preocupados com o tempo, que passa. Os franceses dizem: *"Le temps passe dit-on, c´est ne pas le temps qui passe sommes nous qui passon"*. É uma ilusão pensar que o tempo passa. Parece que certas expressões [já popularizadas] como "o tempo que passa", "a seta do tempo", "o tempo voa" são meras imagens ingênuas. Em 1992, eu escrevi um texto "Não há nada como o tempo a passar (Jornal da Tarde – 11/07/1992) e vou recuperar trechos dessa matéria aqui, até porque o conceito de tempo permanece praticamente o mesmo. Falar sobre o conceito do tempo é uma tremenda encrenca – é um desafio para filósofos e físicos teóricos. Celebrados cientistas afirmaram existir uma qualidade não material peculiar, um fluxo responsável pela seta do tempo. Nem todos concordam com esse conceito, de sorte que o tempo de modo nenhum flui; tudo se passa em nossa mente. Tal raciocínio nos leva a um paradoxo: a intemporalidade do tempo. Sempre que encaramos as coisas de modo correto e procuramos aprofundar a investigação dos conceitos mais ambíguos e nebulosos eles adquirem uma trajetória em círculo e acabamos desenvolvendo argumentos tautológicos ou desprovidos de sentido.

O debate físico/filosófico do conceito de tempo é escorregadio, mas vale a pena gastar algum tempo com ele. Tentei várias vezes ler e entender o conceito de espaço-tempo – Platão, Leibniz, Newton, Einstein, Hawkins – e a cada nova incursão queimava neurônios inutilmente, pois as dúvidas persistiam [e persistem]. Media-se o tempo por meio do espaço e teimava-se em ver nele apenas uma sequência linear de antes-agora-depois, ontem-hoje-amanhã, passado-presente-futuro. O *imbróglio* começa no mundo grego com a noção de espaço, que é composto de pontos indivisíveis, portanto, não existe. Como o espaço é pré-requisito para o movimento e o movimento condição do tempo, existe uma tese eleata que postula que o movimento e o tempo são irracionais e, portanto, irreais. Tudo não passa de ilusão dos sentidos! Dessa discussão participaram Heráclito, Zenão, Platão... e, sempre, Aristóteles, com o conceito de que o tempo parece ser o movimento e a mudança. Mas o movimento e a mudança estão nos objetos, enquanto o tempo está em todas as partes. Existe um tempo fenomenológico, o tempo interior da consciência, inseparável de nossas vivências, e um tempo cósmico, o tempo objetivo e mensurável da ciência e do mundo físico. No universo físico, o tempo extrapola a tridimensionalidade do espaço e constitui a "quarta dimensão" do *continuum* espaço/tempo. O universo é infinito e as explicações do espaço-tempo estão baseadas na teoria da relatividade de Einstein. O espaço-tempo é curvado não apenas pelos objetos maciços nele presentes, mas também pela energia existente. A energia é sempre positiva e, por isso, dá ao espaço-tempo uma curvatura que deforma a trajetória dos raios luminosos em direção uns aos outros.

Santo Agostinho também participou da discussão acerca do tempo: "Se ninguém me pergunta o que é, eu o sei; se me pedem explicações, já não sei mais". No entanto, argumenta que se nada passasse, não haveria passado; se nada adviesse, não haveria futuro; e, se não fosse, não haveria presente. Segundo ele, nem o passado nem o futuro são, daí ser impróprio em se falar em três tempos. A rigor o correto seria falar no presente do passado, no presente do presente e no presente do futuro. Os três modos estão no nosso espírito. O presente das coisas passadas é a memória, o presente das coisas presentes é a visão direta, o presente das coisas futuras é a espera.

Mas o enigma permanece: o tempo existe mesmo? Nós que somos obrigados a conviver com a nossa carcaça no espelho, todas as manhãs, vamos sentindo a ação implacável do tempo.

O que fazer com o tempo? Milhões de pessoas que anseiam pela imortalidade, não sabem sequer o que fazer numa tarde chuvosa de domingo, segundo Susan Ertz. É preciso usar o tempo [cronológico] com sabedoria: "Há tempo para pescar e para secar a rede". Servant-Schreiber no seu livro "A Arte do Tempo" (Cultura, 1991) procurou contabilizar o uso do tempo circadiano. As necessidades vitais consomem cerca de 40% do dia: dormir (sete horas), comer (duas horas), cuidar do corpo e vestir-se (uma hora) – o que perfaz dez horas. Para atender aos ditames da sobrevivência temos de trabalhar, com gasto aproximado de nove horas (oito horas de trabalho e uma hora de mobilidade urbana). O tempo dedicado às necessidades básicas gira em torno de 19 horas (sem falar nas compras e tarefas do lar). Restam três ou quatro horas para o lazer e a vida em família (esposa(o), filhos, diversões, aquisição de conhecimento, esportes – academia de ginástica, descanso...). Isto não computando os 10% de TV. Então, o que sobra se reduz a míseros 30-90 minutos. O dia acaba sendo uma espécie de leito de Procusto... É claro que essa contabilidade tem que ser reciclada no século XXI, com a revolução digital. A civilização moderna incorpora sem cessar novas tecnologias para aumentar a eficácia e a rapidez na prestação de serviços (automóvel, avião, drones, eletrodomésticos, telefone fixo e móvel, internet, robôs, inteligência artificial...) e nunca, como agora, o homem corre tanto e se queixa de tanta falta de tempo. Coisa de louco! São os efeitos perversos do progresso: facilitam a comunicação e reduzem cada vez mais o nosso tempo de lazer e de reflexão. Estamos vivendo num mundo tecnicizado, competitivo e em mutação rápida, que exige das pessoas eficácia, rapidez e racionalidade.

Quero concluir este texto com as palavras do sábio Machado de Assis: "Nós matamos o tempo e o tempo nos enterra."

31

CONSTRUINDO UMA BABEL DO CONHECIMENTO

Vivemos num mundo profundamente integrado, no qual os fenômenos biológicos, psicológicos, sociais, culturais e ambientais são interdependentes. Entretanto, nós, com nossa visão fragmentada, acabamos violentando o mundo forjado pela evolução. Isso é, o mundo da ordem/desordem natural das coisas. A ciência é sacralizada e sua filha dileta, a tecnologia, é mitologizada. Ocorre que a ciência sofre de onfalocentrismo: no seu umbigo está o centro do mundo. A natureza não pode ser legislada, porque a sutileza da natureza é muito maior do que a sutileza do discurso científico. A ciência é necessária para o conhecimento metódico; mas seria suficiente? A exaltação da explicação científica e os avanços científico-tecnológicos acabaram determinando uma segmentação do conhecimento. Esse fenômeno acabou determinando uma pulverização e hierarquização das ciências, com todas as implicações daí decorrentes: o mito do progresso, do especialista, da objetividade e neutralidade científicas. É a babelização do conhecimento. É preciso juntar os cacos.

A ciência, com frequência, é restritiva na compreensão/explicação dos fenômenos, porque ao privilegiar a objetividade procura eliminar impiedosamente a subjetividade do cientista, o seu senso estético, as suas recordações e emoções... A ciência procura isolar o objeto de estudo de seu mundo, negligenciando o ensinamento budista que diz que o objeto deve ser encarado como um evento e não como uma substância em si. Georges Kneller refere que na ótica científica poentes e cascatas são descritos em termos de frequência de raios luminosos, coeficientes de refração e forças gravitacionais ou hidrodinâmicas. Essas descrições não levam em conta aquilo que realmente sentimos, que é o enfoque fenomenológico. E prossegue: por não levar em conta a experiência subjetiva (individual e coletiva), a ciência descreve um mundo de coisas sem valor, interatuando como se a humanidade não existisse. Esse é o aspecto alienante da ciência, traduzido pela separação sujeito e objeto; é a reificação do mundo. Até que ponto a ordem natural é a ordem humana?

O homem até o século XVIII construía, principalmente, sistemas, a partir do século XIX passou a construir modelos. O modelo tem um embasamento científico, o sistema um embasamento filosófico. O modelo é útil como artifício heurístico. Em outras palavras, as analogias são úteis desde que se reconheça que são apenas analogias. Quando se pretende dar ao modelo uma conotação epistemológica, ele se torna herético. Os modelos são recortados pelo figurino da moda, isto é nos moldes do estágio científico-tecnológico vigente. Uma espécie de *zeitgeist*. Um exemplo bem ilustrativo desse espírito é a tentativa de interpretar o funcionamento do cérebro humano, de acordo com os conhecimentos científicos prevalentes em cada época. Assim, o cérebro passou por um modelo hidráulico, dióptrico, frenológico, geológico, embriológico e mecânico-tecnológico. Modernamente, na era da informática, esse tipo de modelização obtém seu embasamento na ciência da computação.

Fazendo um recuo, vamos encontrar como patrono, desse modo de pensar a figura de René Descartes. O método cartesiano é analítico e procura decompor os problemas em suas partes e tenta reagrupá-las em uma ordem lógica. Desse modo, os fenômenos não são analisados dentro de um espírito de integração e o corolário disso é uma visão compartimentada do mundo. Na ótica cartesiana o universo material e os organismos vivos são máquinas e a natureza é regulada por leis mecânicas. Essa decomposição do todo em suas partes, levada às últimas consequências, gerou o reducionismo nas ciências. Embora o método analítico seja uma etapa importante do raciocínio, o conhecimento integral do fenômeno exige uma abordagem sistêmica.

Qual o futuro do ser humano? A Inteligência Artificial (IA) evolui rapidamente e faz avanços exponenciais no mundo da 4.0 revolução industrial (Era Digital), de sorte que algumas questões, colocadas a seguir, são pertinentes. O que acontecerá quando um robô atingir a autoconsciência de sua inteligência superior? O que acontecerá quando robôs estiverem construindo a geração seguinte de robôs, tendo sua própria meta evolutiva? Como a compreensão e as ações deles afetarão a evolução dos humanos? Enfim como nós vamos conviver com robôs superinteligentes? Para tentar responder a essas questões vários cenários podem ser traçados: 1) na civilização da *Machina sapiens*, o *Homo sapiens* será extinto; 2) o *Homo sapiens* se fundirá com a *Machina sapiens*, constituindo uma nova espécie. Alguns especialistas em IA acreditam que lá adiante, num futuro longínquo, será possível fazer um *upload* do cérebro biológico para um robô; 3) na civilização da *Machina sapiens*, os seres humanos desempenharão uma posição subalterna – uma espécie de animais domésticos; 4) o *Homo sapiens* continuará sendo hegemônico e a máquina subalterna. Alguns argumentam: a *Machina sapiens* nunca será hegemônica, porque o homem sempre terá o livre-arbítrio para desligá-la. Raciocínio ingênuo. Na sociedade digital avançada somos tecnodependentes e desligar as máquinas seria o caos. Hoje, praticamente tudo está informatizado: o sistema financeiro, o sistema de transportes, o sistema energético, o sistema de segurança, o sistema produtivo (tanto o industrial, como o agronegócio), a máquina burocrático-administrativa estatal... Nas palavras de Erich Fromm: "Ontem o homem corria o risco de ser escravo, amanhã corre o risco de ser um robô".

A IA, a robótica, os algoritmos genéticos, a vida artificial, a bioinformática e o avanços das nanotecnologias tornam cada vez mais imperceptíveis as fronteiras entre a vida biológica e as máquinas! Então, vamos atingir a Era Pós-Humana? Alguns neurocientistas não acreditam na possibilidade de fazer um *upload* do cérebro, porque isso significaria incluir cada neurônio, cada conexão, cada átomo e essa tarefa parece inexequível, particularmente, do ponto de vista funcional.

A humanidade tem que se preparar para lidar com essas mudanças radicais – que vem provocando uma verdadeira babelização do conhecimento, principalmente, no mundo das ciências e das técnicas.

32

ALÉM DO CÉREBRO

*Texto de artigo escrito em 1985
e recuperado aqui quase sem revisões.*

O pensamento artificial acha-se no rol das coisas preocupantes da ciência, ao lado do controle do comportamento, da engenharia genética, do transplante de cabeças e do crescimento irrestrito das flores plásticas, como disse Lewis Thomas em uma de suas crônicas.

O confronto da inteligência biológica (humana) com a inteligência artificial é uma provocação irresistível ao debate, conforme tenho equacionado em outros artigos meus. Entretanto, à luz de novos elementos o tema merece ser rediscutido. Segundo Chris Evans, o conceito de inteligência refere-se à capacidade de qualquer sistema, biológico ou mecânico, de se ajustar às mudanças do meio ambiente. Assim, diz Evans, fica patente que a inteligência não é uma função exclusiva do cérebro humano, em detrimento de qualquer outro tipo de cérebro, mas de qualquer sistema que seja capaz de reagir seletivamente às mudanças ambientais.

A história do cérebro pode ser desdobrada em três etapas. A primeira é representada pela sua longa evolução, a partir do primeiro vertebrado dotado de cérebro – há aproximadamente 450 milhões de anos – até culminar com o grande cérebro do ser humano. A segunda compreende, no processo de hominização, a transformação do Ser puramente biológico, em Ser biológico-cultural. É o *Homo sapiens*, com seus aspectos históricos e culturais e o repasse desse patrimônio às gerações subsequentes. Esse patrimônio é constantemente enriquecido pela relação dialética cérebro-mundo. O aparecimento desse Ser data aproximadamente de 300 mil anos. Finalmente, a terceira etapa é recente, datando de pouco mais de 60 anos, e é representada pelo computador.

Embora a história do computador seja recente (início da década de 1950), esse é o evento mais importante do século XX e responsável pelo que se convencionou chamar de revolução pós-industrial. O computador, hoje, é encarregado desde a folha de pagamento de uma instituição pública ou privada até o controle dos voos espaciais e é encarado, por muitos, como a solução redentora para a humanidade pela sua eficiência e por aliviar o homem de muitas tarefas rotineiras e fastidiosas. Entretanto, nem todos acreditam que esse papel subalterno da máquina será eterno e o temor do aparecimento de uma máquina superinteligente já existe. Nesse caso, o homem assumiria um papel secundário no planeta, uma espécie de "fóssil vivo" como é o caso da ostra em nossa época. A propósito dessa ótica, é muito instrutiva a leitura do livro de Robert Jastrow (*The Enchanted Loom: Mind in the Universe* – Reader's Library, New York, 1981). As considerações a seguir são balizadas pelos argumentos de Jastrow.

É possível a supremacia do pensamento artificial? Como será a nova forma de vida dotada de pensamento artificial? (*veja* "Construindo uma Babel do Conhecimento"). O novo Ser não é biológico e deve sua origem à tecnologia moderna – é filho do cérebro humano. Essa nova forma de vida é criada em laboratório por especialistas da informática. Trata-se de uma vida artificial, que não repousa sobre neurônios, mas sobre placas miniaturizadas de silício; apesar disso ela pensa, se recorda, aprende por experiência e reage aos estímulos. Seu pensamento ainda é simplista e destituído de criatividade, mas evolui com uma rapidez impressionante. Parece herético e absurdo comparar a riqueza do pensamento humano ao pensamento mecânico do computador. É ponto pacífico que os cérebros eletrônicos de hoje são primitivos ao lado do cérebro humano, salvo pela sua memória prodigiosa e um certo talento para as matemáticas. Apesar disso, os modelos mais recentes podem seguir uma discussão, colocar questões pertinentes ou escrever poesias e músicas. Estima-se que em menos de 15 anos (1995), se as tendências atuais se mantiverem, o computador aparecerá como uma nova forma de vida, competindo com o ser humano.

Como foi dito, os cérebros humanos são, no momento, largamente superiores aos computadores. O peso médio do cérebro humano é cerca de 1.400 g., o seu consumo de energia elétrica é equivalente a 25 watts e a área que ocupa é de aproximadamente 2.800 cm³. Embora ocupe volume reduzido, o cérebro humano utiliza entre 10 e 100 bilhões de unidades de informação. O primeiro computador verdadeiramente moderno é o IBM 360, que apareceu em 1960. Esse computador possui uma memória que contém alguns milhões de unidades de informação imediatamente acessíveis. Embora a capacidade desse aparelho seja muito inferior àquela do cérebro, não impede que ele consuma uma energia de 100 mil watts e ocupe o espaço de muitas dezenas de metros cúbicos. E do ponto de vista qualitativo é mais marcante ainda a superioridade do cérebro sobre a máquina. Cada célula ou circuito do cérebro está diretamente conectada a numerosas outras células – até a 100 mil algumas vezes. De tal sorte que, quando nós endereçamos um impulso consciente às profundezas de nossa memória para obter uma informação precisa, as células que têm essa informação estocada comunicam-se, no mesmo nível, com milhares de outras células e uma profusão de imagens vem à tona do pensamento consciente. É possível que o pensamento intuitivo ou criativo dependa da fertilização das informações contidas nesses incontáveis circuitos integrados. Ao contrário, a memória do computador assemelha-se a alvéolos incrustados numa parede, todos destituídos da capacidade de pensar e não conectados uns aos outros.

É inegável que a "máquina inteligente" está ainda nos seus primórdios, mas é preciso considerar que ela evolui com extrema rapidez. A experiência dos três últimos decênios nos mostra que a capacidade do computador é multiplicada por 10 a cada 7-8 anos – os especialistas dão a esse período o nome de geração de computadores. A análise das várias gerações de computadores até nossos dias nos permite imaginar os computadores do futuro. A primeira geração de computadores era baseada no tubo de vácuo (válvulas) e entrou em serviço em 1950. Em 1958, a segunda geração se serve dos transistores (semicondutores) e é 10 vezes mais rápida que a precedente. Representada pelo IBM 360, a terceira geração é, da mesma maneira, dez vezes mais rápida que a precedente e utiliza pastilhas de silício, sob a forma de circuitos integrados. A quarta geração vê a luz nos anos 1970 e utiliza microplacas de silício de melhor qualidade, com um alto nível de integração dos circuitos. As pesquisas atuais, em curso nos laboratórios, poderão trazer novas contribuições para o fim dos anos 1980. Estima-se que o computador de quinta geração deverá estar operando por volta de 1990, com microplacas contendo 1 milhão de circuitos. Enfim, por volta de 1995, a curva de crescimento do computador deverá ultrapassar a capacidade do cérebro humano: 10 bilhões de unidades de informação poderão caber numa valise e o consumo de energia não deverá ultrapassar 20 watts.

Até há cerca de dez anos, uma pastilha de silício podia refletir ou recordar, sendo, entretanto, incapaz de fazer as duas coisas ao mesmo tempo. Passo importante foi dado quando os primeiros fabricantes americanos e japoneses de circuitos integrados conseguiram reagrupar, numa mesma pastilha, um número tão importante de partes eletrônicas que é possível combinar circuitos pensantes e unidades de memória. Assim, ao se enviar uma instrução ao banco de memória do computador para se colher uma informação – o nome de uma pessoa, por exemplo – estocado numa determinada pastilha, as unidades de memória diretamente implicadas podem pedir às unidades vizinhas informações conexas e oferecer ao usuário um conjunto de informações mais vasto do que ele poderia imaginar. Estamos aqui muito próximos do tipo de recordação por associação, que se encontra no córtex cerebral e é um dos mecanismos mais importantes do raciocínio humano. Esse alto nível de integração dos mecanismos da máquina, montado sobre o mesmo princípio do cérebro humano, faz do computador uma verdadeiro cérebro de silício.

Tudo isso fará dos computadores organismos vivos? Para a maior parte das pessoas, um computador jamais poderá ser um organismo vivo porque ele não possui emoções e sentimentos, além disso, ele não se alimenta, não cresce...Enfim, ele é feito de metal e plástico e não de carne e osso. Entretanto, é preciso ficar claro que a máquina pensante é outro tipo de criatura, que nasceu no laboratório de seres humanos (assimilando, portanto, importante acervo cultural que o cérebro acumulou num longo período), atualmente, está em interação com o cérebro humano e numa próxima etapa deverá superá-lo.

Previsões sinistras rondam o futuro do homem. A sua simbiose com o computador (complexo homem-máquina) não será eterna. A inteligência humana não se modifica senão mui lentamente, se é que ela se modifica, enquanto o avanço do computador é muito rápido. A curva ascendente da inteligência artificial (IA) não conhece limites, contrariamente ao cérebro humano, os computadores não têm que sofrer a prova do nascimento. O homem, ao nascer, percorre os mesmos caminhos que o ser que lhe deu origem, enquanto o computador evolui a cada geração no sentido do aprimoramento de suas capacidades. A se manter o atual ritmo de aprimoramento dessas máquinas, o século XXI verá o surgimento de cérebros gigantescos armazenando todos os conhecimentos da raça humana. Confirmada essa previsão, o homem será reduzido a um estado subalterno no seu próprio planeta.

Que fazer para evitar a supremacia da IA. Inativar as máquinas seria o caos. Talvez a solução seja unir as forças do homem àquelas da máquina, da mesma maneira que o cérebro primitivo dos reptis e dos primeiros mamíferos se combinaram para formar um cérebro superior. A inteligência humana fertilizando a da máquina pode dar origem a uma nova criatura com extraordinárias potencialidades evolutivas. Quando as neurociências estiverem evoluídas elas poderão transferir o cérebro biológico para o corpo de um robô. A união da máquina e do espírito (algo além-do-cérebro) vai criar uma nova forma de existência, mais apropriada a uma vida futura. Intimamente incorporada a parcelas de silício indestrutíveis, essa forma de vida poderá existir para sempre, não estando sujeita ao limitado ciclo de vida dos organismos biológicos. Será o único tipo de vida que poderá deixar o planeta-mãe para explorar o espaço interestelar. O homem, tal qual nós conhecemos hoje, não poderá jamais empreender travessia intergaláctica, que durará no mínimo

1 milhão de anos. Mas o cérebro artificial, lacrado na carcaça protetora de uma nave espacial e funcionando com energia extraída dos raios estelares, terá condições de fazer este tipo de viagem.

Post scriptum – Eu não concordo com alguns conceitos expendidos por Jastrow – por exemplo, afirmar que a máquina pensa. A máquina pode revelar algum tipo de inteligência, isso não significa que ela pense, porque pensar depende muito de estados subjetivos, emoções, sentimentos e da razão. E esses atributos as máquinas ainda não apresentam. Para citar um exemplo mais recente, que está relatado no livro "O Futuro da Mente" (Rocco, 2015) do físico teórico nipo-americano Michio Kaku. Ao visitar a fábrica da Honda – no Japão – mostraram a ele um robô maravilhoso chamado Assimo, com o tamanho de um menino, que anda, corre, sobe escadas, fala várias línguas e dança muito bem. Ele perguntou ao criadores do robô qual era o seu nível de inteligência comparando com a inteligência biológica. Eles admitiram que a inteligência era a de um inseto. É preciso ter os pés no chão e admitir que as máquinas (IA) não elaboram ideias, não julgam, não têm opinião; elas, por enquanto, apenas executam tarefas para as quais foram programadas.

Por outro lado, as previsões de Jastrow, a respeito da evolução das máquinas não foram materializadas em 1995 – e, nem mesmo, em 2018. Não obstante, eu concordo que a evolução das máquinas é extremamente rápida (pela lei de Moore, o computador dobra a sua capacidade a cada 18 meses). Mas a lei de Moore tem um período da validade e, provavelmente, ela vai ser substituída na era da computação quântica. Na computação clássica, o processamento é sequencial ($\underline{0} - \underline{1}$) e a sua velocidade aumenta por meio da miniaturização dos componentes; e o limite físico destes componentes é justamente o tamanho quântico. Na computação quântica, o processamento é simultâneo (é $\underline{0}$ e $\underline{1}$ ao mesmo tempo), e essa capacidade vai aumentar, e muito, o potencial da máquina. Por enquanto, a computação quântica está ainda em experimentação, porque o grande problema é que na escala quântica os conhecimentos da física clássica não podem ser aplicados. De qualquer modo, com os avanços rápidos a IA logo vai suplantar a inteligência humana. É a chamada Era da Singularidade.

33

BRASIL: UM PAÍS À PROCURA DE SUA IDENTIDADE

PARTE I – POLÍTICOS E CORRUPÇÃO

Os políticos não gozam de boa reputação na maioria dos países do mundo. Vejam a opinião do escritor argentino Jorge Luís Borges a respeito dos políticos: "São pessoas que contraíram o hábito de mentir, o hábito de prometer, o hábito de sorrir, o hábito de subornar, o hábito de receber propinas, o hábito de estar de acordo com qualquer auditório e o hábito abundante da popularidade."

Embora a reputação dos políticos esteja maculada em muitos países, no Brasil o cenário é dramático porque a sociedade está desorientada pela total falta de credibilidade na classe política. Há já, alguns anos, corre uma piada em nosso país: Um alto executivo britânico em viagem, por um longínquo país do Extremo Oriente, se instala em um hotel cinco estrelas e após um banho relaxante desce e se informa na recepção sobre um restaurante típico do país. O recepcionista informa sobre um restaurante canibal a três quadras do hotel. No restaurante, consultando o cardápio, ele se informa dos pratos e preços: jogador de futebol americano, 30 dólares; tocador de gaita escocesa, 50 dólares; político brasileiro, 500 dólares. Curioso, ele chama o *maître* e pergunta: "Porque o prato de político brasileiro custa tão caro?" A resposta veio rápida: "O senhor não imagina o trabalho que dá para limpar!"

No Brasil, o problema assume proporções gigantescas porque a relação do Estado com os prestadores de serviços (particularmente as empreiteiras) é promíscua (são as licitações fraudulentas e outras manobras para lesar o Erário, como preços superfaturados, por exemplo). De sorte que se instala um propinoduto num ministério, numa estatal e, até mesmo, a cooptação de políticos do Congresso Nacional para a obtenção de facilidades em pleitos que dependem de aprovação da instância congressual. Esse crime do colarinho branco é quase uma norma em nosso país. As cifras que irrigam esses malfeitos são altíssimas (milhões, às vezes, bilhões de dólares). O grande frasista Oscar Wilde certa vez afirmou: "A melhor maneira de se livrar de uma tentação é cedendo a ela." Parece que essa receita vem sendo seguida à risca por boa parte dos homens públicos em nosso país. Eles estão metalizados. Mas, a corrupção assume proporções mais amplas porque ela também ocorre no aparelho judicial (juízes e desembargadores que vendem sentenças, que se aliam ao narcotráfico...), na Receita Federal (auditores fiscais que "perdoam" multas às empresas), no guarda da esquina (que amacia para o infrator)... ela definitivamente assumiu proporções sistêmicas.

No cenário da política brasileira impera o patrimonialismo (quando o político "confunde" o público com o privado) e esse patrimonialismo é a pior privatização da coisa pública. Essa é uma herança maldita da colonização portuguesa por meio das capitanias hereditárias.

Vivemos numa sociedade cínica, em que o honesto é tratado com deboche e escárnio, sendo, frequentemente, rotulado de otário, ingênuo ou anjo, de sorte que, às vezes a prática da honestidade exige uma certa dose de violentação por parte do cidadão. Há no país um clamor contra a corrupção, só que, na hora do cidadão fazer a sua parte, ele prevarica, quer levar vantagem em tudo e procura utilizar o "jeitinho brasileiro". Alguns até se interrogam: "Corrupção: crime ou costume? Seria um fenômeno cultural em muitas sociedades modernas?" A corrupção é própria do ser humano e ocorre em todos os regimes políticos e sistemas de governo. Cabe às instituições jurídicas apurá-la e punir exemplarmente os culpados. Se a pena é intimidativa, ela pode reparar o delito e a sua aplicação deve ser pedagógica, no sentido de evitar que o malfeito prospere. Mas, no crime financeiro, deve haver também o ressarcimento dos prejuízos materiais aos cofres públicos.

A corrupção existe desde sempre e um episódio da Bíblia é emblemático: "Esaú se vendeu a Jacó por um prato de lentilhas". Quem é o pior o corruptor ou o corrompido? Ambos são execráveis. Com o tempo os métodos foram sendo aprimorados até atingir a alta sofisticação das quadrilhas que assaltam o Erário no mundo contemporâneo. Em nosso país, a corrupção se instalou juntamente com as capitanias hereditárias e foi sendo aperfeiçoada até nossos dias. É claro que não faltaram bons professores – daqui e de além mar – e bons discípulos. Entre os mestres da corrupção em nosso meio, uma figura se destaca no século XX: Adhemar de Barros – político e médico, com formação na Alemanha. O doutor Adhemar fundou um método que ficou célebre [e fez discípulos]: "Rouba, mas faz". Naquele tempo a propina era modesta: vinha em envelopes, caixas de papelão ou sacos de papel. Hoje, milhões de dólares são depositados em paraísos fiscais. Ficou célebre uma frase, que foi atribuída a um político: "Governar é abrir avenidas em São Paulo e contas na Suíça." Quanto mais inteligente e elaborado for o corrupto, maiores os danos aos cofres públicos. Diz-se que um ladrão comum é capaz de roubar um vagão da estrada de ferro, mas se ele tiver diploma universitário rouba a estrada de ferro inteira.

Como age a figura diabólica do corruptor? Ele, geralmente, é insinuante e usa estratégias várias, mas frequentemente se vale de um processo de amaciamento com presentes e favorecimentos. É o sentido pejorativo do: "É dando que se recebe." Já diziam os antigos romanos: *Munus exiguum, sed oportunum*. Mas o processo de sedução pode ser mais complexo. É o chamado tráfico de influência, que é invasivo e opera em todas as áreas do governo. O inchaço do Estado, que tem como consequência a sua forma incompetente e emperrada de gerir a coisa pública, acaba gerando a formação de grupos organizados (quadrilhas) e especializados em agenciamento de negócios e receptação de subornos. É emblemático o caso das empreiteiras.

O inverso também ocorre: é o funcionário corrupto que cria dificuldades para vender facilidades. É o chamado crime de concussão, que se caracteriza quando o funcionário cria constrangimentos para obter vantagens materiais. É a conhecida "mordida". Certos projetos só são aprovados com um "estímulo" a certos funcionários (sejam congressistas ou pessoal técnico). A coisa só anda "molhando a mão" de um ou muitos malandros. É a institucionalização da propina.

Alguns fatores funcionam como caldo de cultura da corrupção: burocracia, instabilidade econômica e política, poder dos monopólios e oligopólios (falta de concorrência), tráfico de influência, baixos salários de funcionários subalternos... e sempre a impunidade. A impunidade é geral: é o crime do colarinho branco, é o crime financeiro, é o grande sonegador, é o crime de trânsito, é o contrabandista... Vivemos no regime da impunocracia. E, a cada dia que passa, o nosso desencanto é maior, pois, quando imaginamos que estamos na pior, as elites dirigentes capricham e conseguem piorar ainda mais. Como diz uma ditado argentino: "Estávamos melhor quando estávamos pior."

No Brasil, *a res publica é cosa nostra*. Aqui a honestidade não prospera. Já afirmava Montesquieu: "Os homens não são virtuosos, mas as instituições precisam ser."

34

BRASIL: UM PAÍS À PROCURA DE SUA IDENTIDADE

PARTE II – CORTAR PRIVILÉGIOS É PRECISO

O Brasil é um país profundamente desigual, com bolsões de miséria que nos envergonham perante o mundo. Entretanto, uma elite, encastelada no poder, goza de privilégios inaceitáveis no século XXI. Já dizia o nosso escritor José de Alencar, no século XIX: "A simples instituição do privilégio é a maior de todas as anomalias." Vamos começar pelos salários: enquanto o pessoal que trabalha na alta máquina burocrático-administrativa (Executivo, Legislativo, Judiciário) recebe altos salários, os cidadãos da classe média ralam para sobreviver. A desigualdade salarial é tão flagrante que um desembargador pode chegar a receber 80 mil reais mensalmente, enquanto um trabalhador comum recebe salário-mínimo (menos de mil reais por mês). Nos países socialmente avançados (países escandinavos, por exemplo), a diferença salarial entre o salário mínimo e o teto salarial é de aproximadamente oito vezes. Quando se sabe que o déficit habitacional é de mais de sete milhões de moradias (segundo dados do IBGE – 2015) é um verdadeiro escândalo que um juiz de direito, ou promotor, receba auxílio-moradia (de mais de quatro mil reais) mesmo que tenha domicílio próprio. Eles argumentam que é legal, mas é profundamente imoral, além do que a legislação que dá amparo a essa excrescência é corporativista. Mas se o leitor está indignado com os supersalários *plus* auxílio moradia (mesmo que juiz tenha vários imóveis), calma que os mimos aos magistrados não param por aí. Ainda tem auxílio saúde, auxílio livro, auxílio alimentação, estudo remunerado no exterior, carro oficial com motorista e mais 60 dias de férias por ano.

Na esfera do Poder Legislativo também os privilégios são muitos. A Câmara Federal é composta por 513 deputados e cada um recebe de salário R$ 33.763,00. Além do gordo contracheque, eles têm direito a atendimento médico e odontológico ilimitado, passagens aéreas, carro alugado, combustível, verba de gabinete (para contratar assessores), conta telefônica paga pelo Estado (Estado é o contribuinte!). Se o deputado não conseguir um apartamento funcional do governo, ele tem direito a auxílio-moradia de até R$3.800. Recebem 15 salários por ano (auxílio-paletó!). Trabalham no máximo três dias por semana (chegam a Brasília na 3ª feira e na 6ª feira já estão voltando às suas bases.

O Senado é composto por 81 senadores, e cada senador recebe R$ 33.763,00 por mês, com direito a 14º e 15º salários. Eles têm direito a um apartamento funcional ou auxílio-morádia de até R$ 3.800, além de verba de gabinete para contratar assessores, passagens aéreas, carro, combustível, despesas médicas e odontológicas ilimitadas (o benefício é extensivo ao cônjuge e dependentes – filhos(as) até 21 anos – se for estudante universitário até 24 anos). Como curiosidade – para deixar o leitor mais indignado ainda – o direito às despesas médicas é vitalício, portanto, ex-senadores têm direito a um valor para cobrir essas despesas.

Somados, o salário e os benefícios de cada senador, a cifra chega a 165 mil reais por mês. Juntos os 81 senadores custam ao contribuinte brasileiro 160 milhões de reais por ano.

Também na área do Executivo a farra dos privilégios é monumental. Um monstro chamado "Presidência da República" representa hoje um poder com mais de 20 mil funcionários, aviões, cartões de crédito corporativos e um custo anual de 650 milhões de reais – superior ao da Casa Real Britânica.

Outras esferas, ligadas ao executivo, também usufruem de mordomias (cúpulas de órgãos estatais e paraestatais). Os funcionários públicos federais de carreira têm alguns privilégios: salários inflados e aposentadorias precoces.

De sorte que o tamanho do Estado tem que ser dimensionado: quanto maior o Estado mais privilégios, mais gastos, mais burocracia, mais corrupção e menos eficiência. O ideal é ter um Estado enxuto, altamente técnico (e não aparelhado por políticos), com um mínimo de cargos de confiança, diminuição do número de ministérios, privatização de muitas estatais e para-estatais, adoção no legislativo do regime unicameral (com extinção do Senado). Provimento de cargos públicos no âmbito federal, estadual e municipal somente por meio de concursos. O pessoal do governo tem que ser altamente habilitado e o Estado tem que ser fiscalizador e punir exemplarmente aqueles "que jogam água fora da bacia".

Na cabeça do leitor deve estar pairando uma dúvida: cortar privilégios e reduzir a corrupção solucionam os problemas do país? É claro que não, mas diminui a desigualdade social e melhora a autoestima do cidadão comum. A recuperação econômica do Brasil depende de um conjunto de medidas, que o leitor encontrará nas próximas páginas.

35

BRASIL: UM PAÍS À PROCURA DE SUA IDENTIDADE

PARTE III – COMBATER A BUROCRACIA

O inferno não tem a fúria de um burocrata desprezado.
(Milton Friedman)

Segundo Honoré de Balzac, a burocracia é uma máquina gigantesca operada por pigmeus. Burocracia, essa palavra me arrepia. Derivada do francês *bureaucratie*, significa administração da coisa pública por funcionários (ministérios, secretarias, repartições...), sujeita à hierarquia, regulamentos rígidos e a uma rotina inflexível. É o regime do *bureau* ou da escrivaninha, o que vale dizer que o sujeito que nela senta é quem manda. A burocracia quer dizer excesso de papelórios, de assinaturas e carimbos, e é – em parte – o subproduto de estados inchados, infernizando a vida dos cidadãos pela péssima qualidade dos serviços públicos.

O Brasil é um país excessivamente regulamentado. Nós já tivemos lá atrás o Ministério de Desburocratização, cujo ministro – Hélio Beltrão (Governo Costa e Silva e Governo Figueiredo) – foi vencido pelos carimbos.

Em nosso país os processos, de qualquer natureza, passam por muitos "escaninhos", recebem muitos carimbos e mesmo na era da informática os processos emperram. Em plena era digital, nós não conseguimos nos livrar dos carimbos. Na Nova Zelândia, um empresário consegue abrir a sua empresa no mesmo dia pela internet. Aqui demora meses e, para fechar – esqueça – demora anos.

Na minha opinião, o Estado brasileiro é ineficiente, corrupto e perverso – é preciso enxugar o Estado e torná-lo mais técnico e eficiente. Aquele pessoal de Brasília vive na ilha da fantasia. As gentes dos ministérios, do parlamento e do alto judiciário parecem que estão descoladas do Brasil real – que trabalha e produz riquezas. Até o presidente americano John F. Kennedy não tinha os burocratas em alto apreço: "Tentar fazer o pessoal do governo trabalhar é como tentar pregar um botão numa torta de queijo".

A burocracia representa um alto custo para o país, para as empresas e, sem dúvida, a grande vítima é o consumidor, porque os custos acabam sendo repassados para a sociedade.

Algumas empresas de médio e de grande porte são obrigadas a ter um pessoal especializado para lidar com os trâmites burocráticos, isso pode significar milhares de horas por ano. O excesso de regulamentação (burocracia) é um grande vilão também para nossas empresas, que se tornam pouco competitivas para exportação de nossos produtos.

Quando morei na França (1966), eu tive certas dificuldades com a burocracia e quando me queixei a um amigo francês de que a França era um país muito regulamentado, ele me respondeu: "Não mais que o Brasil, onde foi criada a figura do despachante para fazer caminhar os processos no serviço público."

Qual é a bala de prata para acabar com a burocracia? Não há bala de prata, porque a burocracia (mal-comparando, é como a corrupção, sempre vai existir) pode ser reduzida, não extinta. Alguns caminhos, para a diminuição da burocracia, são: redução do tamanho do Estado; privatização de muitas estatais e paraestatais; provimento de cargo no governo só por meio de concurso público; criação de ouvidorias a serviço do cidadão. É preciso ressuscitar a figura do *Ombudsman* (criada na Suécia), que é uma espécie de ouvidor para atender as queixas dos usuários. As entidades de Defesa do Consumidor também podem atuar nessa área, mas essas entidades têm se mostrado poucas resolutivas. No Governo Mário Covas, em

São Paulo, foi criado um tipo de serviço, Poupa Tempo, que presta bons serviços, agilizando a obtenção de documentos. Esse tipo de iniciativa deveria ser implementado em outras áreas do Governo. Também as empresas privadas deveriam ter um departamento com a sua ouvidoria para ouvir as reclamações dos consumidores.

Um governo bom é aquele que oferece serviços públicos de qualidade aos cidadãos. Tem que azeitar a máquina e fazê-la funcionar. Por enquanto, em nosso país, a burocracia é uma praga e o grande vilão é o Estado. A propósito, o escritor Anatole France certa vez disse: "O estado é um funcionário mesquinho e descortês sentado atrás de um guichê." *Je suis tout à fait d'accord.*

36

BRASIL: UM PAÍS À PROCURA DE SUA IDENTIDADE

PARTE IV – REFORMAS: PREVIDÊNCIA

Algumas reformas no Brasil são inadiáveis, para tirar o país do atraso. E a primeira que deve ser implementada é a reforma da Previdência. Essa reforma se justifica primeiro pelo rombo financeiro do setor, mas também porque a previdência é profundamente injusta em nosso país. Mas a reforma tem que contemplar a erradicação de privilégios que certas castas do serviço público ainda mantém. Aqui eu me refiro ao alto judiciário (Juízes, Desembargadores, Ministros do STF e de outros tribunais), ao Parlamento (Deputados e Senadores) e ao Executivo (Presidente e Vice-Presidente da República, Ministros de Estado, Presidentes e Vice-presidentes de estatais e paraestatais (Banco do Brasil, Caixa Econômica Federal, Petrobrás, Eletrobrás, Itaipu...). Também os militares e os funcionários públicos federais de carreira devem ter os seus privilégios revistos. Muitos se aposentam precocemente e com salário integral.

Item importante da reforma é fixar uma idade de corte para a aposentadoria: 62 anos para as mulheres e 65 anos para os homens. Deve também ser estipulado um teto para o benefício e aqueles que pretenderem o salário integral devem complementar com uma aposentadoria privada (Sistema de capitalização).

Deve-se abolir definitivamente qualquer tipo de aposentadoria especial, porque com esse tipo de concessão se acha a brecha para burlar a lei (*Fatta la legge trovato l´inganno* – segundo um provérbio italiano): "Talvez uma exceção deva ser para aqueles trabalhadores que exercem suas atividades num ambiente reconhecidamente insalubre."

Penso que a reforma deve contemplar esses itens básicos. Do contrário, eu sou obrigado a concordar com o saudoso Stanislaw Ponte Preta quando disse: "Ou todos nos locupletamos ou restaure-se a moralidade."

37

BRASIL: UM PAÍS À PROCURA DE SUA IDENTIDADE

PARTE V – REFORMAS: POLÍTICA

A reforma política deve incluir um conjunto de propostas com o objetivo de melhorar o sistema eleitoral. Essa reforma deve ser profunda, propondo até mesmo mudanças estruturais no sistema parlamentar. Fundamentalmente, ela deve visar aperfeiçoar a representatividade e cortar os privilégios, combater o clientelismo e a corrupção.

O ideal é que essa reforma se materialize por meio da convocação de uma nova Assembleia Nacional Constituinte, que seria dissolvida após a elaboração da reforma, com impedimento de seus membros postularem suas candidaturas por duas legislaturas subsequentes.

A seguir vou apresentar um conjunto de propostas que podem ser incluídas na pauta de discussão para a elaboração da reforma.

Adotar no calendário eleitoral consultas plebiscitárias para temas polêmicos (incluindo a própria reforma política).

Adoção do voto distrital misto (modelo alemão), que confere maior representatividade ao parlamentar, permite reduzir o custo das campanhas e também permite ao eleitor uma fiscalização do seu candidato no parlamento.

Fim da reeleição para cargos executivos (presidente, governador e prefeito). A democracia no Brasil ainda não está suficientemente madura para o estatuto da reeleição.

Fim do fundo partidário obrigatório. Os partidos políticos devem se mobilizar para arrecadar fundos de seus filiados e simpatizantes.

Adoção do sistema unicameral, com a extinção do Senado. Muitas democracias no mundo adotam o sistema unicameral e funcionam muito bem (exemplos de países com sistema unicameral: Dinamarca, Finlândia, Grécia, Israel, Noruega, Portugal, Suécia).

Mandato de cinco anos para presidente, governador e prefeito e para cargos legislativos.

Cláusula de barreira rígida que permita a extinção de muitos partidos políticos sem representatividade. Fundar partido político tornou-se um "bom negócio" e muitas siglas partidárias são meramente fisiológicas. Os parlamentares desses partidos constituem o "baixo clero" e fazem do Congresso Nacional um balcão de negócios.

Fidelidade partidária – lamentavelmente, boa parte de nossos "ínclitos" parlamentares não tem princípios e nem compromisso com um partido – o interesse maior é o seu projeto pessoal ou participar de uma sigla que achaca o governo nas votações de temas polêmicos. No Brasil, mesmo líderes políticos importantes adotam o troca-troca partidário dependendo das conveniências políticas do momento. É preciso impedir essa volubilidade da classe política numa reforma para valer. Na minha opinião o mandato é do partido, porque não é permitido candidatos avulsos, e no caso de troca de partido o parlamentar deve perder o mandato.

Também o parlamentar deve perder o mandato se ele for nomeado para um cargo ministerial ou para a diretoria de uma estatal.

O voto deve ser facultativo – nas democracias verdadeiras o voto não é "obrigatório". Ponto.

Adotar a seguinte norma: os parlamentares não podem ter mais de dois mandatos consecutivos. Em nosso país existem parlamentares "quase perpétuos" – política não é profissão, política é vocação. Por outro lado, a renovação na política é sempre bem-vinda.

Adotar um gatilho para o aumento dos salários dos parlamentares, pode ser o mesmo do funcionalismo público federal, desde que esse respeite uma regra (correção da inflação, por exemplo). Me parece uma excrescência os parlamentares decidirem o aumento de seus próprios salários. Em nenhuma outra instância do Estado, os funcionários devem ter têm essa prerrogativa (seja Poder Executivo, seja Poder Judiciário). Reafirmo, o reajuste salarial deve obedecer a uma regra que elimine o espírito corporativista do procedimento.

Debates nos períodos eleitorais: podem participar dos debates candidatos de partidos com um índice de representantes no parlamento.

Manutenção do foro privilegiado só para o Presidente da República.

Doações para pessoas físicas e jurídicas: podem fazer doações em dinheiro para candidatos. A doação de empresários pode chegar a 2% do faturamento bruto da empresa e deve ser para um partido determinado. Não é incomum no Brasil que uma empresa faça doações para partidos antagônicos.

A reforma política faz parte da tríade das reformas indispensáveis para o país avançar e se tornar um estado moderno.

38

BRASIL: UM PAÍS À PROCURA DE SUA IDENTIDADE

PARTE VI – REFORMAS: TRIBUTÁRIA

O nosso sistema tributário, além de extremamente complexo, é perversamente injusto.

Complexo, porque é extremamente regulamentado e, essa verdadeira camisa de força, penaliza as empresas pelo excesso de burocracia, o que obriga o repasse de custos ao consumidor e também torna nossas empresas menos competitivas no mercado exportador (como já foi abordado no item "Burocracia").

É perversamente injusto, porque alguns tributos têm o braço longo e alcançam os segmentos mais pobres da população tanto quanto os segmentos mais ricos (são os impostos indiretos que incidem em bens de consumo). É preciso elaborar uma norma para compensar essa fórmula injusta que é isonomia de tributos para todas as classes sociais. Talvez, nos tributos diretos (imposto de renda) impor uma alíquota maior para as grandes fortunas, as grandes empresas (Bancos, Empreiteiras, Grandes Conglomerados...) e destinar o aumento da arrecadação para programas sociais. Em nosso país muitos setores empresariais só reivindicam isenção tributária, crédito subsidiado e reserva de mercado.

Uma força-tarefa, composta por economistas e advogados tributaristas, poderia assessorar os nossos parlamentares para elaborar um código tributário enxuto, prático e mais justo.

39

BRASIL: UM PAÍS À PROCURA DE SUA IDENTIDADE

PARTE VII – EDUCAÇÃO

> *Se você acha que a educação é cara, experimente a ignorância.*
> (Anônimo)

O Brasil necessita, urgentemente, de um choque na educação, desde o ensino fundamental, passando pelo ensino médio até chegar ao ensino técnico e superior. Antes mesmo do ensino fundamental, obrigatório, a partir dos 6 anos de idade, as crianças de baixa idade, particularmente das famílias de baixa renda, devem frequentar creches, onde pedagogas possam estimular o aprendizado desses menores.

Por que urgentemente? Primeiro, porque o país está muito atrasado em relação ao cenário internacional. Usando uma metáfora: "É preciso trocar o pneu com o carro andando". Além de acelerar as mudanças, torna-se necessário promover uma revolução na área educacional. Segundo um estudo realizado pelo Ibope Inteligência em parceria com a ONG Ação Educativa e o Instituto Paulo Montenegro (divulgada no início de agosto de 2018), três em cada dez brasileiros, com idade entre 15 e 64 anos, são analfabetos funcionais. Esses dados são preocupantes, porque o país não está formando mão-de-obra meramente qualificável para ser incluída no mercado de trabalho.

Os políticos têm um discurso, que além de recorrente, é simplista e demagógico: "É preciso investir mais em educação". Entretanto, eles não apontam ideias substantivas para melhorar a educação no país. Só o financiamento público não resolve. Aliás, o Brasil não investe pouco na área da educação. Os gastos com educação no país são da ordem de 6% do Produto Interno Bruto (PIB). Os países da Organização para Cooperação e Desenvolvimento Econômico (OCDE) aplicam em média 5,5% do PIB. Tido como exemplo em educação, o Chile investe 4,8% do PIB em educação pública. Talvez faltem investimentos no Brasil na estrutura física das escolas (há escolas no país que não possuem sanitários para os alunos!).

Entre 70 países avaliados em 2015 pelo Programa Internacional de Avaliação de Alunos (PISA, na sigla em inglês), o Brasil obteve a 63ª posição em ciências, a 59ª em leitura e a 65ª em matemática. O que vale dizer que o desempenho do Brasil nas avaliações internacionais é medíocre. Outra distorção é que o ensino público superior recebe mais aporte financeiro que o ensino básico. Em 2017, o Governo Federal gastou R$ 117,2 bilhões em educação, sendo R$ 75,4 bilhões destinados ao Ensino Superior e R$ 34,6 bilhões à Educação Básica. A distribuição desses recursos é uma inversão perversa no sistema educacional.

Os métodos de ensino são obsoletos para a sociedade de nossos dias. Não tem sentido ficar ensinando sobre os rios afluentes da margem esquerda do rio Amazonas ou quais são as capitais dos países árabes. Esse tipo de ensino, além de não ser motivador, nada acrescenta de útil à vida do aluno. O ensino deve ser atraente e deve preparar os jovens para o mundo contemporâneo. Nós já estamos na era digital (Revolução 4.0) e temos que priorizar temas do mundo atual. Priorizar não significa negligenciar o passado, quem não aprende com os erros que a história nos aponta, tende a repeti-los no presente.

Na Educação, deve ser adotada uma agenda do século XXI. Ao invés das 13 disciplinas obrigatórias, um currículo mínimo obrigatório deve ser incluído no Ensino Médio, sendo as demais disciplinas optativas. A ênfase do currículo obrigatório deve ser nas Ciências Humanas, Ciências Naturais e Ciências Sociais aplicadas, além de Linguagens e Matemática. O português desde o Ensino Fundamental e a partir do 6º ano do Ensino Fundamental o inglês deve ser obrigatório, tendo como segunda língua o espanhol. Em virtude das acentuadas diferenças culturais e profundas desigualdades sociais e de uma autonomia dos estados federativos, deverá ser adotada uma certa flexibilização nos sistemas e currículos, de sorte que as redes de ensino deverão construir os seus currículos. Entretanto, na medida do possível, seria conveniente adotar o currículo obrigatório, enquanto as demais disciplinas devem ser facultativas. Sempre que possível, o ensino deve ser em tempo integral. É necessário dar um banho de conhecimento aos jovens brasileiros.

Deve-se procurar formar o(a) professor(a) adotando-se novas metodologias na sala de aula. Aqui deve ser ressaltada a importância da formação pedagógica do professor. É preciso ensinar, aos alunos dos cursos de pedagogia, a ensinar. E, como exemplo comparativo, pode-se apontar o professor numa faculdade de medicina que ensine história da medicina e medicina social e negligencie o ensino dos métodos diagnósticos e terapêuticos. Na Coreia do Sul, com um sistema educacional exemplar, muitos professores do Ensino Médio, fazem pós-graduação.

Não menos importante é a valorização do professor, tanto do ponto de vista de *status* na sociedade, como do ponto de vista material (remuneração digna). Outros países conseguiram fazer uma revolução na educação (Coreia do Sul, Estônia, Finlândia, Israel...), de sorte que o Brasil também pode. Ou não?

Reconheço que programar um ensino de qualidade para um país de dimensões continentais e com profundas desigualdades sociais é uma tarefa hercúlea, mas que depende muito de vontade política (priorizando a educação) e da capacidade de nossos especialistas na área educacional.

Outro aspecto que merece atenção é o ensino técnico. Temos que desmistificar, em nosso meio, que para vencer na vida a pessoa deva cursar uma faculdade. Nós vivemos num mundo onde a técnica é hegemônica, de sorte que ter *expertise* em alguma área da tecnologia é garantia de emprego e de carreira promissora. É preciso multiplicar as escolas técnicas no país. Também instituições como o SENAC, o SENAI e o SESI (Sistemas S) podem contribuir para a formação de técnicos em várias áreas (como já vem fazendo). Também o Ensino Superior no Brasil apresenta problemas. Encontramos dois tipos de instituição no panorama universitário brasileiro: a universidade pública e os estabelecimentos de ensino superior privados. Estes últimos, salvo raras exceções, são dominados por uma visão eminentemente mercadológica da educação. E a universidade pública cumpre bem seu papel? Eu diria que nem tanto! É burocrática, pouco produtiva, muitas vezes mal gerida e muito ideologizada. É bem o caso da USP, a maior e melhor universidade brasileira deixa muito a desejar no cenário internacional. Está sempre mal-posicionada nos *rankings* das melhores universidades do mundo. Na minha opinião, a USP deveria ser transformada numa Escola Latinoamericana de Pós-Graduação de estudos avançados e com aulas ministradas em português, espanhol e inglês e com foco em pesquisa. A prioridade seria a área de exatas (matemática, ciências da computação e informática). Esse tipo de escola seria, guardadas as devidas proporções, uma espécie de Vale do Silício brasileiro. Os recursos viriam de um fundo tripartite: recursos públicos, iniciativa privada e mensalidade dos alunos. É claro que nada disso vai se materializar, e a USP vai continuar sendo a USP: mal-gerida, deficitária, ideologizada, com greves frequentes, nada igualitária (aproximadamente 2/3 de seus alunos provêm dos segmentos mais abonados da sociedade). De modo geral, nas universidades públicas brasileiras não há uma tradição de pesquisa e a função delas é formar recursos humanos para o mercado de trabalho. Uma boa universidade deve andar sobre as duas pernas: Ensino e Pesquisa. Deve fazer parceria com a iniciativa privada (parceria público-privada) para pesquisas visando avanços científico-tecnológicos. Um bom parâmetro para avaliar uma universidade é o índice de registro de patentes.

O Ministério de Ciência e Tecnologia ou qualquer outro órgão federal ou estadual ligado à ciência e pesquisa (CAPES, CNPq...) deve investir em bolsões de excelência que tem tradição em pesquisa (Embraer, Embrapa, Instituto Butantã, FioCruz...).

Essas devem ser as principais medidas para uma educação de qualidade no Brasil.

40

BRASIL: UM PAÍS À PROCURA DE SUA IDENTIDADE

PARTE VIII – SISTEMA DE SAÚDE: A SAÚDE PEDE SOCORRO

A Saúde Pública representa um desafio para os governos do mundo inteiro. Diz-se que governar é decidir o que fazer e depois fazer o que se decidiu. Entretanto, o diabo está nos detalhes. Em um exercício de macroanálise vou equacionar o que um Sistema Público de Saúde (SPS) deve contemplar para atender bem aos seus usuários. Segundo a Organização Mundial de Saúde (OMS), oito componentes são essenciais na Atenção Primária à Saúde: 1) educação nos métodos de prevenção; 2) promoção de boas condições alimentares e nutricionais; 3) abastecimento de água e saneamento básico; 4) proteção maternoinfantil e planejamento familiar; 5) vacinação contra as principais doenças infecciosas; 6) prevenção e controle de endemias locais; 7) tratamento prioritário das afecções mais frequentes e mais importantes; 8) fornecimento de medicamentos essenciais. A esses postulados, elaborados na reunião de Alma-Ata (Rússia), em 1978, pode-se acrescentar, nos dias de hoje, a prevenção e combate às doenças sexualmente transmissíveis (DSTs), particularmente a AIDS e a sífilis, a luta contra o alcoolismo, o tabagismo e as drogas ilícitas, a luta contra a obesidade (não contra os obesos), o combate ao câncer, a assistência ao idoso, programas de saúde mental, além do empenho na segurança do trabalho.

O fenômeno mais notável, nos últimos 60 anos, em todos os países desenvolvidos, foi, e continua sendo, o crescimento das despesas com a saúde. Algumas determinantes são apontadas para justificar a explosão dos custos médicos: a utilização cada vez mais frequente de procedimentos técnicos de alta e média complexidades, realizados em hospitais ou clínicas especializadas. É o caso da diálise, colocação de próteses artificiais, transplantes de órgãos, radioterapia, quimioterapia, disseminação das Unidades de Terapia Intensiva (UTIs), radiologia diagnóstica e intervencionista, o *boom* da indústria farmacêutica com a introdução crescente de medicamentos de alto custo (protegidos pelas patentes) e o superdimensionamento na utilização de exames complementares. Enfim, a prática de uma medicina tecnocêntrica e superespecializada que virou rotina.

É complicado comparar sistemas de saúde de diferentes países, isso porque as condições sanitárias são diversas, bem como outras variáveis (estrutura econômica, nível de educação do povo, aspectos culturais, extensão territorial...). Um sistema de saúde deve dispor de recursos materiais e ser eficiente. Lamentavelmente, não é o que ocorre com o SPS na maioria dos países. Embora os recursos financeiros sejam necessários, eles – por si só – não garantem um bom sistema. E o grande exemplo vem de um "peso pesado": os Estados Unidos contemplavam, até 2002, a área da saúde com 13,6% do seu PIB, o que representava algo em torno de 1,5 trilhões de dólares/ano. O modelo americano, de alto custo, destinava mais de $ 4.000 *per capita* e nem por isso o sistema era eficiente. O plano *Obamacare* não foi implementado e o problema continua no atual governo (Donald Trump).

O Sistema Único de Saúde (SUS) do Brasil, criado pela Constituição Federal de 1988, apresenta algumas semelhanças com o sistema inglês. O SUS contempla três objetivos básicos: universalidade, integralidade e equidade. Universalidade significa que todos os cidadãos podem ter acesso ao sistema; integralidade (abrangência) afirma que a saúde do cidadão é o resultado de múltiplas variáveis, incluindo o emprego, acesso à terra, serviços de saneamento básico, acesso à qualidade dos serviços de saúde e à educação. Equidade afirma que as políticas de saúde devem estar orientadas para a redução das desigualdades entre os indivíduos e grupos populacionais. Entretanto, as palavras não são mágicas e o simples enunciados de princípios, teoricamente corretos não garantem a efetivação desses propósitos na prática. O médico e político Sérgio Arouca costumava retratar a Saúde Pública no Brasil de modo pessimista (ou seria realista?): "No verão tem dengue, no inverno tem meningite, se há enchentes tem leptospirose, de vez em quando tem cólera e ano inteiro tem hanseníase, mal de Chagas, leishmaniose, esquistossomose, malária... e fraudes. Reconheço que implantar políticas públicas de saúde em um país da extensão territorial do Brasil não é tarefa fácil. O nosso país é um mosaico de estruturas geoeconômicas e com desníveis de IDH imensos em suas diversas regiões. Mas é preciso que o poder público incorpore o Brasil profundo dos grotões, das populações ribeirinhas, das caatingas, do cerrado... na esfera da saúde. O governo municipal, mesmo com todas as suas deficiências é o único que chega, embora de modo precário ao Brasil profundo. O Brasil tem 5.570 municípios e mais da metade deles têm menos de 50 mil habitantes. Esses municípios devem arcar com a atenção básica à saúde e estruturas regionais (hospitais, centros de investigação diagnóstica, ambulatório médico de especialidades...) poderiam ser criadas nos municípios maiores para atendimento intermunicipal. E, para isso, é preciso um choque de gestão no SUS no que respeita à parte burocrático-administrativa e à perseguição de objetivos que contemplem não apenas resultados quantitativos, mas procurem atingir metas de qualidade no atendimento. Por outro lado, o médico deveria ingressar no SUS por meio de concurso e deveria ser criado um plano funcional de carreira, onde a meritocracia fosse adotada por meio da produtividade e eficiência. Também deveria ser proporcionado ao médico (e demais profissionais da saúde) uma educação continuada e que um sistema de avaliação fosse implantado. O sistema não privilegia a atenção básica à saúde, que bem estruturada e bem gerenciada pode apresentar uma capacidade resolutiva de mais de 80% dos problemas de saúde da população. O atual modelo apresenta sérias distorções ao privilegiar o atendimento em nível secundário e terciário e os atos médicos de média e alta complexidades. A Unidades Básicas de Saúde (UBSs), que devem ser a porta de entrada do sistema, padecem de vícios estruturais e funcionais (os profissionais são malformados, os salários são baixos, as condições de trabalho são precárias, a regionalização do atendimento nos grandes centros não funciona). O sistema é um caos e continuam as filas e as humilhações aos usuários. Às vezes, as situações são dramáticas e um exemplo eloquente disso é o que ocorre na área de oncologia, que exige diagnóstico precoce e a agilização do tratamento. Não é o que acontece em muitos casos: ou o paciente morre na fila de espera (o agendamento de uma consulta com um oncologista pode demorar meses ou até um ano) ou por ocasião do atendimento, o câncer já está em estágio avançado e o tratamento pode ser ineficaz. E mesmo quando o diagnóstico do câncer ocorre em tempo hábil, aí começa o drama para iniciar o tratamento adequado. A demora para a realização de um procedimento ortopédico eletivo, por exemplo, pode levar anos. O sistema, além de ineficiente é perverso.

O SUS deve ter uma estrutura piramidal, de sorte que a atenção primária configure a base da pirâmide e a atenção secundária e terciária ocupem as faixas intermediárias e o vértice da pirâmide, respectivamente. Não é o que acontece porque a atenção básica à saúde é uma espécie de patinho feio do sistema. Nos grandes centros urbanos cada UBS deveria contar com uma equipe multiprofissional constituída por um clínico geral, pediatra, ginecologista/obstetra, ortopedista e cirurgião geral, nos pequenos municípios a UBS deve contar com um médico generalista/obstetra. Uma espécie de gargalo ocorre na feitura dos exames complementares (análises laboratoriais, radiografias, ultrassom...); a espera é longa e, muitas vezes, o médico da UBS se sente obrigado a encaminhar o usuário para etapas posteriores do atendimento. A solução seria criar (ou cadastrar centros privados) uma rede mais extensa de Centros de Investigação Diagnóstica para agilizar o atendimento.

Até o mundo mineral sabe que a saúde é subfinanciada em nosso país. O financiamento da saúde do sistema inglês advém do setor público, principalmente, dos impostos, com uma pequena contribuição da seguridade social. O SUS conta com fontes semelhantes. Entretanto, no Brasil, uma parcela de trabalhadores vive na informalidade e, portanto, não contribui para a Seguridade Social.

A saúde pede socorro e há que assegurar recursos para ela. A sociedade brasileira tem de decidir, por meio de seus representantes no parlamento (ou de um plebiscito) se quer financiar a Saúde Pública de modo universal e inclusivo. É preciso também repensar a integração do sistema público com o privado. O SUS poderá, por exemplo, continuar sendo responsável pela área de alta complexidade, mas financiado pelo setor privado – como sugere Gonzalo Vecina. Outra opção seria acabar com a universalidade e cidadãos a partir de uma faixa de renda ter um plano de saúde de custo menor. Essa medida poderia acabar com a demanda reprimida no SUS. O lema: "Saúde é um direito do cidadão e um dever do estado", não é sustentável por meio do SUS.

Além da falência material do sistema público-assistencial, a prática médica se tornou fria, mecânica e vem perdendo aquele toque humano. É preciso praticar a medicina da pessoa. Enquanto o usuário dos serviços de saúde não souber o nome do seu médico é porque o sistema é de baixa qualidade. Se bons sentimentos não bastam para fazer uma boa medicina, não há medicina sem bons sentimentos.

41

BRASIL: UM PAÍS À PROCURA DE SUA IDENTIDADE

PARTE IX – PODER JUDICIÁRIO

> *Res judicata pro veritate habetur*
> *A coisa julgada é aceita como verdade*
> *(Axioma de jurisprudência)*

O Poder Judiciário brasileiro não goza de boa reputação junto à população. Ele é moroso, confuso e sobretudo injusto. Nosso aparelho judiciário, além de obsoleto e ineficiente, é o mais caro do mundo.

O processos no Brasil se caracterizam pela interminabilidade, um simples inventário pode demorar 20 anos (ou mesmo mais, se ele for conflituoso). Os crimes financeiros, principalmente, por corrupção, podem demorar décadas. O exemplo mais emblemático é o do político Paulo Maluf, com vários processos na justiça, só foi condenado recentemente após 50 anos de interposição de recursos protelatórios (vários crimes foram prescritos) e ficou um pouco mais de um mês preso; por ser idoso e estar "doente" foi para o regime aberto, onde está gozando dos generosos vinhos de sua fantástica adega. A nossa legislação é muito leniente com os ladrões de casaca, diferentemente da legislação estadunidense. O ex-investidor americano Bernard Madoff, aquele do esquema fraudulento que provocou perdas de 65 bilhões de dólares e levou à ruína dezenas de investidores foi condenado a 150 anos de prisão em 2006 e, hoje, com 80 anos continua preso em regime fechado e, provavelmente, vai morrer na cadeia. Em nosso país, o jornalista Pimenta das Neves (réu confesso), que assassinou a namorada pelas costas, passou 11 anos em liberdade aguardando seu julgamento e, finalmente, quando foi condenado permaneceu 6 meses em regime fechado e depois foi para o regime aberto pela idade. Agora, se um brasileiro humilde furtar um pacote de bolachas, ele é preso e atirado numa cela imunda e superlotada, e a "Justiça" simplesmente ignora o cidadão.

E a nossa legislação penal tem também um laivo de corporativismo: um magistrado (juiz, desembargador, ministro de tribunal) quando prevarica (vende sentenças; se associa ao narcotráfico...) ele recebe como punição aposentadoria com salário integral! Punição ou prêmio?

O STF é o guardião de Constituição, mas ele vai além. O seu ativismo judicial é de tal ordem que o ministro Gilmar Mendes, numa palestra, em Londres, recentemente, afirmou que o Brasil é um país Judiciário-dependente. Muitas decisões do Supremo são monocráticas, e se instalou ali uma verdadeira fábrica de *habeas corpus*, há uma evidente sabotagem da Lava Jato, há [por parte de alguns ministros] uma partidarização do tribunal, os nossos ministros viraram *pop stars*, é a verdadeira carnavalização da justiça. O comportamento do STF é errático, vejam o caso do sr. José Dirceu: condenado no Mensalão (cumpriu uma parte da pena e foi solto); a seguir foi condenado no Petrolão a 30 anos de prisão, passou 2 meses na penitenciária de Curitiba e já foi solto, inclusive com um ativismo político intenso. Alguns ministros do Supremo não respeitam conflitos de interesse, e também atropelam a ética e o decoro com certa frequência. Esse comportamento carnavalizado nos envergonha perante as nações do mundo civilizado. E essa insegurança jurídica prejudica o país do ponto de vista econômico. Esse protagonismo do judiciário, além de não se justificar, me parece pernicioso.

Outro aspecto atordoante em nossa legislação são as instâncias recursais até o trânsito em julgado; esse sistema é garantia de impunidade e prescrição de determinados crimes. Muitas democracias do mundo civilizado (Canadá, Estados Unidos...)

adotam a prisão na 2ª instância (dependendo do crime até na 1ª instância) e essa medida não é incompatível com a presunção de inocência, porque o processo prossegue e com amplo direito de defesa. O nosso sistema judiciário é tão exótico que até o Campeonato Brasileiro de Futebol de 1987 foi decidido no STF em 2017 (30 anos depois). Este país, para dizer o mínimo, é surreal: se cobrir vira circo, se cercar vira hospício.

É preciso também mudar o sistema de preencher os cargos de ministro do STF. Um sistema mais democrático e mais racional deveria ser adotado, talvez uma comissão de juristas indicada pela OAB pudesse eleger três nomes (lista tríplice) que seria enviada ao Presidente da República para dar o seu aval a um nome. Perdão leitor pelo ato falho, essa solução não é boa porque a OAB, em virtude de seu ativismo político, não é confiável. Talvez melhor seja preencher os cargos de ministro do STF por meio de prova de títulos (meritocracia). Outro aspecto: o cargo não deve ser vitalício e o mandato deve ter uma duração de dez anos, sem poder ser reconduzido.

Em nosso país, os juízes preferem fazer justiça social a zelar pelo cumprimento de contratos. Entretanto, se os contratos são desrespeitados surgem incertezas que inibem o investimento, encarecem os juros e reduzem a produtividade. É preciso melhorar a qualificação dos juízes na área econômica e os cursos de direito deveriam formar advogados com formação básica em economia.

Uma reforma do Poder Judiciário se impõe, no sentido de torná-lo eficiente, mais justo e despolitizado. Aliás, o nosso país tem uma das maiores populações carcerárias do mundo e não há uma força-tarefa no sentido de reduzir essa superpopulação por meio do devido processo legal.

Post-scriptum: Tinha terminado de redigir este capítulo quando tomei conhecimento da decisão tomada pelos ministros do STF, que se autoconcederam um reajuste salarial de 16,38% sobre um salário mensal de 33,763 reais (fora os penduricalhos). Essa decisão, que depende da aprovação do Congresso, foi tomada no dia 08/08/2018, e, para não faltar com a verdade, votaram a favor do pleito os ministros Ricardo Lewandowski, Marco Aurélio Mello,

Dias Toffoli, Luiz Fux, Gilmar Mendes, Alexandre de Moraes e Luís Roberto Barroso e contra Cármen Lúcia, Celso de Mello, Rosa Weber e Edson Fachin. Mas a decisão não se esgota nos ministros do STF; ela tem um efeito cascata e vai impactar outras áreas (promotores, procuradores, parlamentares e, provavelmente, outros servidores públicos federais). É desanimador, esse é um Brasil descolado da realidade. Na minha opinião, os salários desses "marajás" do serviço público deveriam ficar congelados por um bom tempo.

O aumento salarial foi aprovado pelo Senado e sancionado pelo presidente Michel Temer – este é o país que temos, não o que queremos. Lamentável. Como dizia Ruy Barbosa, a pior ditadura é a do Judiciário – contra ela, não há a quem recorrer.

42

BRASIL: UM PAÍS À PROCURA DE SUA IDENTIDADE

PARTE X – INFRAESTRUTURA
O BRASIL PRECISA VIAJAR NA INFRAESTRUTURA

A infraestrutura é a parte sustentável de uma nação. Ela contribui para uma economia saudável, para melhores serviços públicos e privados à população e torna as empresas mais competitivas no mercado externo.

O núcleo duro da infraestrutura são as rodovias, ferrovias, portos, aeroportos, usinas e redes elétricas, sistemas de telecomunicação, rede de distribuição de água, saneamento básico, habitação popular.

Num país com um imenso território como o nosso, a infraestrutura é vital, entretanto, a capacidade de investimento do Governo é muito baixa e a estratégia é apelar para os recursos privados, particularmente do exterior. A privatização ou a concessão de serviços públicos poderia alavancar uma área negligenciada por quase todos os governos. A China tem hoje 25 mil quilômetros de ferrovias, por onde circulam trens de alta velocidade. O Brasil não só abandonou os projetos ferroviários, como desativou boa parte da malha existente.

Na recente greve dos caminhoneiros (maio e junho de 2018), ficou bem patente que a má gestão e a falta de planejamento pode levar um país ao caos. Durante a greve, e mesmo após a greve, sofreram os consumidores pelo desabastecimento e pelos estragos na economia do país.

O Brasil precisa urgentemente de obras de infraestrutura e o novo governo, que assume em 2019, precisa ter um programa voltado para esse setor.

43

BRASIL: UM PAÍS À PROCURA DE SUA IDENTIDADE

PARTE XI – SEGURANÇA PÚBLICA: *UMA CATÁSTROFE*

A Segurança Pública é o estado de normalidade que permite o usufruto de direitos e o cumprimento de deveres, constituindo sua alteração uma violação de direitos básicos, que produz eventos de insegurança e criminalidade. O combate a esse tipo de anormalidade deve ser desenvolvido por um conjunto de medidas focado em componentes preventivos, repressivos, judiciais, de saúde e sociais, não deve ser negligenciado o fator educacional. Esse estado de segurança é um direito do cidadão e um dever do estado. Esse sistema de segurança deve ter vários braços e deve ser coordenado e otimizado por uma instância superior (Ministério da Justiça ou Ministério da Segurança) que promova uma integração de todos os braços. As operações preventivas e repressivas são importantes, mas o modelo de segurança não se esgota aí. Por outro lado, essas forças policiais (polícia civil, militar, polícia federal...) devem receber uma formação para saber lidar com os infratores (sem truculência). É claro que existem situações de confronto com quadrilhas, do crime organizado, por exemplo: quando as forças de segurança devem agir com o rigor que a situação merece. Com esse objetivo é preciso uma polícia bem preparada, bem remunerada e bem equipada. Outro aspecto é o preparo do policial para lidar com os drogaditos, que envolve também problemas de Saúde Pública e, mesmo, de cunho social (moradores de rua).

A formação de Conselhos Comunitários de Segurança também se impõe, com a organização de grupos de uma mesma comunidade que devem se reunir para debater problemas de segurança pública e também com o objetivo de aproximá-los das forças policiais. É muito importante o desenvolvimento de campanhas educativas, no sentido de promover uma relação amistosa e de respeito de dupla mão (povo-polícia; polícia-povo).

Criação e atuação efetiva de uma Polícia Científica, que por meio de um Serviço de Inteligência possa identificar as milícias (banda podre da polícia) e puni-las com o rigor da lei. Também elementos da cúpula policial (ligados ao narcotráfico) devem ser identificados e punidos.

O papel da Polícia Federal é também muito importante, ao combater o narcotráfico e o contrabando de armas nas fronteiras.

Outro aspecto que não pode ser negligenciado, no sistema de segurança, é a atuação do crime organizado dentro do sistema prisional, onde facções continuam delinquindo (ver *Sistema Prisional*).

Tornar a justiça mais ágil e eficiente, no sentido de punir exemplarmente os criminosos.

Até aqui, todas as políticas públicas no setor de segurança têm fracassado (Unidades de Polícia Pacificadora), talvez porque não interessa a forças poderosas o sucesso dessas políticas.

44

BRASIL: UM PAÍS À PROCURA DE SUA IDENTIDADE

PARTE XII – SISTEMA PRISIONAL: UM HORROR

A administração do sistema prisional é uma tremenda encrenca no mundo inteiro. Com mais de 700 mil presos, o Brasil tem a terceira maior população carcerária do mundo, atrás dos Estados Unidos e da China; a Rússia está em quarto lugar. Segundo dados do Levantamento de Informações Penitenciárias (Infopen), o sistema prisional brasileiro tem 368.049 vagas (dados de junho de 2016). Temos dois presos para cada vaga no sistema. O perfil da população carcerária (PC) é *grosso modo* o seguinte: mais da metade é de jovens (18 a 29 anos) e 64% são negros. Quanto à escolaridade, 75% da PC não chegaram ao Ensino Médio. Os crimes relacionados ao tráfico de drogas são os que mais levam pessoas às prisões – 28% da PC. Das mulheres presas – aproximadamente 50 mil – 62% dos crimes estão relacionados ao tráfico de drogas. Cerca de 40% dos presos hoje são provisórios, ou seja ainda não tem condenação judicial.

Algumas sugestões para reduzir a PC: atuação junto aos tribunais de justiça no sentido de implementar as audiências de custódia para que as pessoas não sejam recolhidas como presos provisórios; força-tarefa do Poder Judiciário para agilizar processos, porque 40% dos presos são provisórios, ainda não têm condenação judicial; adoção de penas alternativas para crimes de baixa periculosidade; monitoramento eletrônico...

Na agenda do próximo governo (2019), deve constar um debate sobre a descriminalização das drogas (talvez seja oportuna até uma consulta plebiscitária – após ampla campanha pelos meios de comunicação, como foi feito na consulta sobre o desarmamento). É um tema polêmico, mas que uma vez aprovada a descriminalização, poderia contribuir para a redução da PC.

Outro tema candente, que o próximo governo deve colocar na pauta de discussão, é que a estrutura do atual sistema prisional é um caldo de cultura para o crime. Realmente, o infrator apenado, quando cumpre pena, ele faz um curso de pós-graduação na escola do crime. Um dado assustador no sistema prisional brasileiro é que o preso continua delinquindo e se junta às facções criminosas dentro e fora das prisões (PCC, Comando Vermelho e outras facções já organizadas nas prisões do norte e nordeste brasileiro). Os índices de ressocialização dos egressos do sistema penitenciário são muito baixos; aqueles que vão para o sistema aberto ou semiaberto, ou mesmo aqueles que cumprem a pena, voltam a reincidir no crime.

Outro tema polêmico, que o novo governo deve colocar na pauta de debates, é a privatização de presídios. Alguns países, como: Estados Unidos, Austrália, Escócia, Inglaterra, entre outros, já possuem presídios privatizados; alguns com resultados positivos. Alguns estatólatras devem ficar arrepiados quando ouvem falar de privatização de presídios: certamente, eles imaginam, é a exploração do detento, que deve trabalhar e/ou estudar 8 horas por dia. Na realidade essas privatizações são parcerias público-privadas e cabe ao estado a segurança e a nomeação do diretor do presídio. A função jurisdicional cabe ao Estado e não à empresa privada, que cuidará, exclusivamente, da função material da execução da pena, ou seja, o administrador particular será responsável pela alimentação, pela limpeza, pela instalação nas celas – enfim, pela hotelaria, mas também pela saúde, pelo trabalho e educação do detento. É na realidade uma parceria público-privada.

No Brasil, temos dois presídios privatizados no Paraná: a Penitenciária Industrial de Guarapuava (com índice baixo de reincidência) e a Penitenciária Industrial de Cascavel. Também temos o presídio de Ribeirão das Neves, de criação mais recente, foi inaugurado em 2014, está situado na região de Belo Horizonte, em Minas Gerais, com capacidade para 3 mil detentos. São 5 unidades dentro do presídio, três relativas ao regime fechado e as restantes para o semiaberto. O teto para a manutenção do preso é de 20% abaixo do valor praticado pelo Estado.

Na ótica de muitos juristas, a privatização surge como uma promessa de solução para o atual sistema prisional [cheio de vícios e defeitos]. No entanto, também tem uma corrente de juristas que afirma que a privatização é uma falácia. Sendo um tema polêmico, nada melhor do que colocá-lo no mercado das ideias, para um debate que possa contribuir para solucionar alguns problemas cruciais do sistema prisional. Estamos no pior dos mundos, e como está não pode ficar.

45

BRASIL: UM PAÍS À PROCURA DE SUA IDENTIDADE

CONSIDERAÇÕES FINAIS

O Brasil tem jeito? Confesso que não estou muito otimista. O saudoso humorista-filósofo Millôr Fernandes costumava dizer: "A maioria dos países é difícil de governar, o Brasil é impossível." Se as instâncias de governança (Executivo, Legislativo, Judiciário) continuarem a tomar decisões de costas para o Brasil real, eu não vejo saída. Por enquanto, parlamentares e ministros do judiciário se comportam como se o Executivo seja o único responsável pela saúde financeira do Estado. O Congresso, de modo irresponsável, aprova despesas (um saco de bondades) sem considerar seus efeitos deletérios sobre o balanço fiscal. Órgãos do judiciário, o chamado sistema U: CGU, AGU e TCU, que deveriam trabalhar para que as empresas voltem logo a gerar divisas e empregos, adotam uma agenda de impor sanções que podem inviabilizar essas empresas. As decisões também devem estar pautadas por uma visão sistêmica da economia brasileira. Estava coberto de razão o presidente Ronald Reagan quando disse: "Não espere que a solução venha do governo. O governo é o problema."

Na área econômica é preciso elaborar uma política fiscal rigorosa (que corrija o descontrole das contas públicas), que mantenha a inflação sob controle e assegure uma taxa de juros decente. É imperativo diminuir o papel do Estado na economia, por meio de privatizações e concessões. Criação de um ambiente de confiança para o desenvolvimento do mercado e promover estímulos para o surgimento de uma classe média empresarial. O Estado deve ser enxuto e competente e concentrar seus recursos no desenvolvimento tecnológico e nas áreas sociais (educação, saúde, segurança pública, ciência e tecnologia, saneamento básico etc.). Abrir a economia para o exterior: estimulando a produtividade, a concorrência e o livre-mercado e criar um ambiente de segurança jurídica para os investidores externos. Assegurar a materialização das reformas essenciais (da previdência, política, tributária). Combater a burocracia para tornar o Estado mais ágil e, por via de consequência, proporcionar melhores serviços públicos ao cidadão e livrar as empresas da parafernália dos regulamentos. Cortar os privilégios das elites incrustadas no poder.

Segundo o pensador brasileiro Bolívar Lamounier, só há três formas de erradicar a miséria: crescimento econômico, crescimento econômico e crescimento econômico.

Como lidar com a estratosférica dívida pública do Brasil? Neste ano de 2018, ela está se aproximando dos 4 trilhões de reais (83% do PIB). Eu vislumbro aqui alguns caminhos: 1) cortar despesas com mão pesada (diminuir o tamanho do Estado); 2) adotar uma política de privatizações e concessões com a venda de alguns ativos do Estado; 3) controle rigoroso da inflação; 4) fazer as reformas essenciais; 5) combate enérgico à corrupção e aos desperdícios; 6) baixar de modo gradual a taxa de juros – a Selic está baixa, entretanto, os juros de longo prazo continuam altos e mudar esse cenário depende, principalmente, do ajuste fiscal; 7) cobrança de vultosas dívidas de bancos e de empresas privadas, para melhorar o caixa do governo; 8) utilizar parte de nossas reservas internacionais para amortizar parte da dívida pública. As reservas internacionais do Brasil (ou reserva cambial) são de 382 bilhões de dólares. Esse valor (imobilizado) coloca o país na lista das dez maiores reservas internacionais do mundo.

Como consertar o Brasil? O nosso Tom Jobim já dizia: "O Brasil não é para principiantes." Palavras sábias: esse país é mais complicado do que "a ribimboca da parafuseta".

A depuração da classe política passa necessariamente pelas urnas, o ato de votar é de extrema responsabilidade. É preciso que o eleitor se informe sobre o histórico do candidato na vida política ou na sua atividade profissional, nada de votar naquele candidato que tem visibilidade e exposição, porque está nas mídias (os Datenas, Russomanos, cantores *pop*, palhaços, jogadores de futebol, lutadores de boxe, ou nas dinastias da política, os Calheiros, Sarney, Barbalho, Lobão...). A política é uma atividade séria e deve ser exercida com competência e espírito público. O político deve servir ao país, não se servir dele. Mas a urna não é a única ferramenta do cidadão, existem os movimentos sociais, as grandes mobilizações de rua para reivindicar políticas públicas adequadas à sociedade de nossos dias e, hoje, as redes sociais que [quando bem utilizadas] podem ter um poder de pressão enorme sobre a classe política. As verdadeiras democracias não dependem só do voto, mas de instituições fortes, se, por exemplo, o STF estiver jogando água fora da bacia, grupos da sociedade organizada devem ir para as ruas protestar. Outra ferramenta valiosa das democracias é a consulta plebiscitária sobre temas polêmicos (aborto, suicídio assistido, pena de morte, privatização da Petrobrás, Reforma política, Parlamentarismo etc.). Essas consultas poderiam ser feitas agregadas ao calendário eleitoral.

Para que muitas dessas propostas sejam viabilizadas serão necessárias mudanças na Constituição. Nenhuma reforma será aprovada sem legisladores responsáveis. A sociedade brasileira está desorientada, é preciso que as instituições funcionem, no sentido de recuperar o país (sem estrelismos, sem corporativismo e sem projetos pessoais). Só assim os três poderes (Executivo, Legislativo e Judiciário) terão a credibilidade resgatada e o respeito do povo brasileiro.

É preciso que cada cidadão brasileiro persiga a sua utopia. Enfim, são as utopias necessárias? Os versos do escritor uruguaio Eduardo Galeano tentam responder a essa indagação: "Para que serve a Utopia?/Ela está diante do horizonte/Me aproximo dois passos e ela se afasta dois passos/Caminho dez passos/e o horizonte corre/dez passos mais à frente/Por muito que eu caminhe/nunca a alcançarei/Para que serve a Utopia?/Serve para isso: para caminhar.

CONHEÇA OS SELOS EDITORIAIS DA

Conteúdo Original
Seleção de autores e conteúdos nacionais de excelência nas áreas científicas, técnicas e profissionais.

Conteúdo Internacional
Tradução de livros de editoras estrangeiras renomadas, cujos títulos são indicados pelas principais instituições de ensino do mundo.

Sou Editor
Projetos especiais em que o autor é o investidor de seu projeto editorial. A definição do percentual de investimento é definida após a análise dos originais de seus livros, podendo ser parcial ou integral.

Faça a leitura do QR Code com seu celular, conheça e se inscreva no *Canal do Editor*.